HISTÓRIA E GEOGRAFIA

CÉLIA PASSOS & ZENEIDE SILVA

5ª edição
São Paulo
2022

Coleção Eu Gosto M@is
História/Geografia 3º ano
© IBEP, 2022

Diretor superintendente	Jorge Yunes
Diretora adjunta editorial	Célia de Assis
Coordenadora editorial	Viviane Mendes
Editores	Adriane Gozzo e Soaria Willnauer
Assistente editorial	Isabella Mouzinho, Patrícia Ruiz e Stephanie Paparella
Revisores	Daniela Pita, Mauro Barros e Pamela P. Cabral da Silva
Secretaria editorial e processos	Elza Mizue Hata Fujihara
Departamento de arte	Aline Benitez e Gisele Gonçalves
Iconografia	Daniella Venerando
Ilustração	Vanessa Alexandre, José Luis Juhas, Dawidson França
	Luis Moura, Carlos Henrique da Silva e Dawidson França
Assistente de produção gráfica	Marcelo Ribeiro
Projeto gráfico e capa	Departamento de Arte - Ibep
Ilustração da capa	Gisele Libutti
Diagramação	N-Public

DADOS INTERNACIONAIS DE CATALOGAÇÃO NA PUBLICAÇÃO (CIP) DE ACORDO COM ISBD

P289e

Passos, Célia
  Eu gosto m@is: História e Geografia / Célia Passos, Zeneide Silva. – 5. ed. – São Paulo : IBEP – Instituto Brasileiro de Edições Pedagógicas, 2022.
  224 p. ; 20,5cm x 27,5cm. – (Eu gosto m@is)

  Inclui bibliografia.
  ISBN: 978-65-5696-278-8 (aluno)
  ISBN: 978-65-5696-279-5 (professor)

  1. Educação infantil. 2. Livro didático. 3. História. 4. Geografia. I. Silva, Zeneide. II. Título. III. Série.

2022-3001   CDD 372.2
                                                 CDU 372.4

Elaborado por Vagner Rodolfo da Silva – CRB-8/9410

Índice para catálogo sistemático:
1. Educação infantil : Livro didático 372.2
2. Educação infantil : Livro didático 372.4

5ª edição – São Paulo – 2022
Todos os direitos reservados

Rua Gomes de Carvalho, 1306, 11º andar, Vila Olímpia
São Paulo - SP - 04547-005 - Brasil - Tel.: (11) 2799-7799
www.editoraibep.com.br

Gráfica Impress - Outubro 2022

APRESENTAÇÃO

Querido aluno, querida aluna,

Ao elaborar esta coleção pensamos muito em vocês.

Queremos que esta obra possa acompanhá-los em seu processo de aprendizagem pelo conteúdo atualizado e estimulante que apresenta e pelas propostas de atividades interessantes e bem ilustradas.

Nosso objetivo é que as lições e as atividades possam fazer vocês ampliarem seus conhecimentos e suas habilidades nessa fase de desenvolvimento da vida escolar.

Por meio do conhecimento, podemos contribuir para a construção de uma sociedade mais justa e fraterna: esse é também nosso objetivo ao elaborar esta coleção.

Um grande abraço,

As autoras

SUMÁRIO

		PÁGINA
1	**História**	5
2	**Geografia**	115

HISTÓRIA

CÉLIA PASSOS
Cursou Pedagogia na Faculdade de Ciências Humanas de Olinda – PE, com licenciaturas em Educação Especial e Orientação Educacional. Professora do Ensino Fundamental e Médio (Magistério) e coordenadora escolar de 1978 a 1990.

ZENEIDE SILVA
Cursou Pedagogia na Universidade Católica de Pernambuco, com licenciatura em Supervisão Escolar. Pós-graduada em Literatura Infantil. Mestra em Formação de Educador pela Universidade Isla, Vila de Nova Gaia, Portugal. Assessora Pedagógica, professora do Ensino Fundamental e supervisora escolar desde 1986.

LIZETE MERCADANTE MACHADO
Formada em História pela Faculdade de Filosofia, Ciências e Letras de São José dos Campos, com mestrado em História do Brasil pela Universidade de Campinas (Unicamp), trabalhou no magistério por mais de 15 anos, em escolas particulares e públicas da educação básica. Vem atuando na área editorial por cerca de 40 anos, como editora de obras didáticas, de ficção e não ficção em diversas empresas do ramo do livro. É autora e colaboradora de obras didáticas e paradidáticas, além de editora de coleções para programas de governo e mercado privado.

5ª edição
São Paulo
2022

SUMÁRIO

LIÇÃO		PÁGINA

1 **As cidades têm história** 8
- Histórias do lugar onde moro 8
- As ruas se transformam com o tempo 12
- Os moradores podem se associar 16
- A fundação da cidade de Salvador 21

2 **A vida no campo** 23
- Reunir-se para sobreviver 23
- As mulheres desenvolveram a agricultura..... 24
- Surgiu também a pecuária 24
- Surgiram as primeiras aldeias 26
- O trabalho no campo hoje 29
- O que é ser caipira? 34

3 **O mundo do lazer** 36
- O que é lazer? 36
- Os meus momentos de lazer 41
- Quais os meus espaços de lazer? 43
- O lazer no bairro onde moro 44
- O lazer no passado 47
- As brincadeiras dos meninos menores 51

4 **O lugar onde vivo: o bairro** 52
- O que é um bairro? 53
- Por que existem bairros? 55
- Nomes de bairros de Fortaleza possuem forte influência da cultura indígena 61

5 **As pessoas do meu bairro** 65
- Os moradores do bairro 65
- A história do bairro 68
- Os nomes dos bairros 69
- Associações de bairro 69
- Cuidar do bairro e do ambiente em que se vive 71
- Um bairro do passado 77

LIÇÃO		PÁGINA
6	**O mundo das comunicações**	**79**
	• O que é comunicação?	80
	• O rádio, a TV, os computadores e a internet	80
	• Muitas maneiras de se comunicar	87
7	**O mundo dos transportes**	**89**
	• O que são transportes?	90
	• Transportes públicos e transportes privados	91
	• Transporte de pessoas e de mercadorias	92
	• Transportes do passado no mundo	95
	• Transportes do passado no Brasil	96
	• Grandes invenções nos transportes	100
8	**Datas comemorativas**	**102**
	• Dia do Indígena	102
	• Dia da chegada dos portugueses ao Brasil	104
	• Dia do Trabalhador	106
	• Bumba meu boi, mais de 300 anos de história	110
	ADESIVOS	**217**

AS CIDADES TÊM HISTÓRIA

Histórias do lugar onde moro

Ruas, bairros, cidades... Quando alguém escreve o endereço de onde mora, começa por "Rua" ou "Avenida", não é mesmo? Mas também poderia escrever "Alameda", "Estrada", "Travessa", "Praça".

Mas nem sempre foi assim.

Antigamente, muitas ruas eram conhecidas pelo nome de um morador, pela cor de uma casa ou por um ponto de referência, como uma árvore. Além disso, as casas não eram numeradas.

A rua é um espaço de convivência para aqueles que nela moram. É um espaço público, pois nela todos têm o direito de ir e vir livremente e de realizar atividades coletivas, como passeatas, protestos, desfiles ou paradas, feiras livres e festas populares.

Nas cidades, as ruas fazem parte de conjuntos maiores, os bairros.

O que é um endereço?

Para entregar a correspondência, o carteiro precisa procurar o endereço escrito na carta ou no pacote. Esse endereço compreende: o nome da rua, o número da moradia e, se for o caso, do complemento, o nome do bairro, o nome da cidade e um número, que é o Código de Endereçamento Postal (CEP). O endereço de uma pessoa é esse conjunto de informações que permitem que o local onde ela reside seja encontrado.

O CEP foi criado porque o número de casas e ruas aumentou com o tempo.

Observe as fotos a seguir. Elas mostram diversas ruas, em bairros, cidades e anos diferentes.

Esta rua fica em uma cidade antiga chamada Diamantina, no estado de Minas Gerais. Ela ainda mantém características de 250 anos atrás. Década de 2010.

Esta é uma rua do bairro de Copacabana (RJ). Atualmente, as ruas e avenidas são mais amplas, para comportar um número maior de veículos. Foto de 2021.

Em muitas cidades, para abrir grandes avenidas, as antigas ruas foram alargadas. Para isso, muitas casas foram derrubadas. Avenida em São Luís (MA). Foto de 2021.

As ruas do centro da cidade de Paraty foram construídas há quase 200 anos. Elas são estreitas, de pedra e quase não têm calçadas. Paraty (RJ). Foto de 2021.

ATIVIDADES

1 O que é uma rua? Qual é o nome da rua de sua escola?

_____

_____

2 Marque **C** para as frases corretas e **E** para as erradas.

☐ Antigamente, as ruas eram identificadas pelo nome de moradores ou por pontos de referência.

☐ As ruas sempre tiveram CEP.

☐ O CEP foi criado porque o número de casas e ruas aumentou com o tempo.

3 Qual é o significado da sigla CEP? Qual é o CEP da rua da sua escola?

_____

4 Encontre no diagrama cinco nomes de atividades que podem ser realizadas coletivamente na rua.

F	E	I	R	A	S	D	F	R	Z	F
E	E	Z	O	F	E	S	T	A	S	S
T	E	X	P	O	S	I	Ç	Õ	E	S
D	E	S	F	I	L	E	S	T	X	T
A	J	P	A	S	S	E	A	T	A	S

As ruas se transformam com o tempo

Muitas ruas, assim como outros espaços da cidade, mudam bastante com o passar do tempo, pois as paisagens construídas pelas pessoas estão em constante transformação. As ruas podem ser alargadas, ter suas casas reformadas ou derrubadas, receber outro tipo de pavimentação, e assim por diante.

Ruas que em outros tempos eram de terra batida passam a receber asfalto; casas que ficam velhas, às vezes, são demolidas para dar lugar a novas casas ou a edifícios; outras são reformadas e se tornam novas moradias ou passam a ser uma casa de comércio, como lojas, farmácias, restaurantes etc.

A mudança também pode ser dos moradores: pessoas mudam de endereço e vão morar em outras ruas. E, assim, novos vizinhos surgem.

Observe as fotos a seguir.

Avenida Afonso Pena, em Belo Horizonte (MG). Foto de 1930.

Avenida Afonso Pena, em Belo Horizonte (MG). Foto de 2021.

Como batizar ou mudar o nome de uma rua

Você aprendeu que as ruas têm nomes ou números. Mas quem escolhe esses nomes e números? Como se faz para batizar uma rua?

Para nomear uma rua, precisa existir um projeto de lei, criado por algum vereador. Os vereadores são os representantes da população, eleitos para fazer as leis.

O projeto para o nome da rua é apresentado, então, na Câmara de Vereadores da cidade. Se ele for aprovado, vira lei.

Após a aprovação, a prefeitura se incumbe de obedecer a essa lei, ou seja, coloca ou modifica o nome da rua.

Os moradores de uma rua podem, por exemplo, enviar a um vereador uma sugestão de nome e pedir-lhe que apresente essa proposta na Câmara de Vereadores.

O nome desta praça, no município de Caxias (MA), foi escolhido em homenagem ao poeta maranhense Gonçalves Dias. Década de 2010.

Rua do Trapiche, em São Luís (MA). Foto da década de 2010. Trapiche é o nome que se dava ao armazém onde eram estocadas as mercadorias importadas ou para exportar.

ATIVIDADES

1 Observe mais uma vez as fotos da Avenida Afonso Pena, em Belo Horizonte, e escreva qual é a principal diferença entre a avenida do passado e a do presente.

_____

_____

2 Escreva quais são, em sua opinião, as vantagens e as desvantagens da transformação de uma rua.

Vantagens: _____

_____

_____

Desvantagens: _____

_____

_____

3 Marque com um **X** como se dá o nome a uma rua.

☐ É escolhido pelo prefeito da cidade.

☐ Pode ser colocado por qualquer cidadão.

☐ Precisa existir um projeto de lei aprovado pela Câmara de Vereadores da cidade.

☐ Depende de uma votação de todos os moradores da rua.

4 Os nomes das ruas podem lembrar fatos ou personagens históricos, tanto da cidade como do país.

- Dos nomes a seguir, quais lembram fatos ou personagens históricos? Pinte os quadradinhos correspondentes.

☐ Rua Zumbi dos Palmares.   ☐ Rua da Casa Amarela.

☐ Rua Harmonia.   ☐ Rua das Violetas.

☐ Rua 7 de Setembro.   ☐ Rua Tiradentes.

5 Na cidade onde você mora, existem ruas com nomes ligados a fatos históricos? Faça uma pesquisa e escreva dois desses nomes.

_____

_____

6 No Brasil, é muito comum termos ruas com nomes indígenas, pois, até o século XIX, o tupi-guarani era uma língua muito falada pelos brasileiros, em vários lugares.

- Marque com um **X** as ruas com nomes indígenas.

☐ Rua Aimorés.   ☐ Rua Dom Pedro I.

☐ Rua 2 de Julho.   ☐ Rua Xavantes.

☐ Rua 21 de Abril.   ☐ Rua Frei Caneca.

☐ Rua Botocudos.   ☐ Rua Tupã.

7 Na sua cidade, existe alguma rua com nome indígena? Escreva qual é o nome dessa rua.

_____

_____

Os moradores podem se associar

Em muitos bairros, quando os moradores se conhecem e se tornam amigos, são formadas associações para conseguir melhorias para o local.

Funciona assim: um grupo de moradores se reúne e conversa sobre problemas que precisam ser resolvidos no bairro, como ruas esburacadas, falta de um parque com jardim, falta de policiamento e necessidade de aumentar o transporte público.

Os moradores, então, realizam uma campanha para que mais pessoas do bairro apoiem as propostas. Eles encaminham essas propostas, ou os pedidos de melhorias, para os vereadores, na Câmara Municipal.

São os vereadores que criam as leis que beneficiam os bairros de uma cidade.

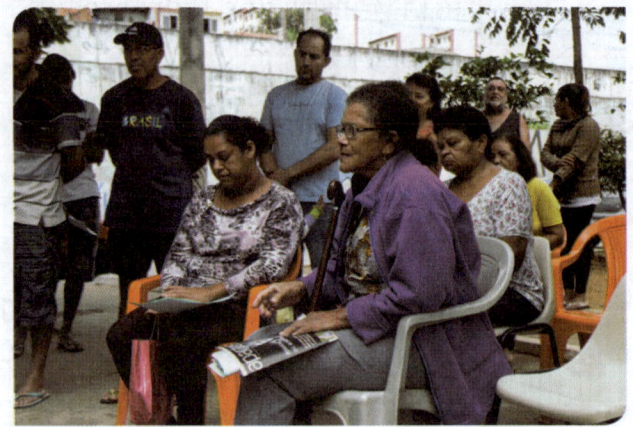

Reunião de moradores no bairro de Ermelino Matarazzo (SP). Foto de 2014.

Os bairros se transformam com o passar do tempo

Os bairros existem tanto nas cidades como nas áreas rurais. Há vários tipos de bairro: residenciais, onde moramos; comerciais, onde há muitas lojas; e industriais, onde há várias fábricas. Os bairros têm história — isto é, eles são formados, crescem ou diminuem com o passar do tempo — e recebem um nome.

Os moradores podem se reunir para trabalhar em prol dos menos favorecidos. Na foto, membros da Associação de Mulheres de Paraisópolis (SP) reunidos no preparo de marmitas para moradores em situação de vulnerabilidade. Foto de 2020.

ATIVIDADES

1 Converse com o professor e com os colegas sobre qual é a função de uma associação de moradores.

- Registre as conclusões de vocês nas linhas a seguir.

_____
_____
_____

2 Marque com um **X** o que uma associação de moradores pode fazer pelo bairro de uma cidade.

☐ Pode construir parques e avenidas no bairro.

☐ Pode fazer reuniões de moradores para que todos contem os problemas que enfrentam no bairro.

☐ Pode fazer leis que melhorem a vida das pessoas do local.

☐ Pode fazer campanhas para conseguir que a Câmara Municipal aprove melhorias para o bairro.

3 No bairro onde você vive, existe alguma associação de moradores? Se não souber, pesquise ou pergunte a um adulto.

- Depois, registre aqui.

_____
_____
_____

4 Leia o trecho de uma notícia de jornal. Depois, responda às questões.

Projeto social Arquitetando o Mundo reforma associação de moradores em Chapada dos Guimarães

Angélica Callejas

A Associação de Moradores do bairro Sol Nascente, em Chapada dos Guimarães, está sendo reformada através do projeto social Arquitetando o Mundo, composto pelo arquiteto Valter Strunk e pela psicóloga Ariadne Pereira. Durante as cinco semanas da obra, que começou no dia 17 de janeiro, a dupla realizará diversas atividades e discussões voltadas ao público infantojuvenil, sobre temas como moradia, habitação e sociedade.

O local escolhido pelos fundadores do projeto passará por uma reforma total [...]

Angélica Callejas. Projeto social Arquitetando o Mundo reforma associação de moradores em Chapada dos Guimarães. *Leia Agora*, 23 jan. 2022. Disponível em: www.leiagora.com.br/noticia/113192/projeto-social-arquitetando-o-mundo-reforma-associacao-de-moradores-em-chapada-dos-guimaraes. Acesso em: 3 fev. 2022.

a) Essa notícia cita alguma associação de moradores? Qual? Em qual cidade?

_____

_____

b) A notícia fala de uma grande reforma na Associação de Moradores. O que seria feito?

_____

_____

_____

c) Esse trecho da notícia informa se o projeto de reforma já terminou?

_____

EU GOSTO DE APRENDER

Leia a seguir o que você estudou nesta lição.

- A rua é um espaço público de passagem e de convivência.
- Nas cidades, as ruas fazem parte de conjuntos maiores, os bairros.
- As ruas, assim como outros espaços da cidade, transformam-se com o passar do tempo.
- Para batizar uma rua, é necessário que um projeto seja apresentado na Câmara de Vereadores.
- Para conseguir melhorias, os moradores de um bairro podem se reunir em uma associação de moradores.

ATIVIDADES

1 Marque **C** para as frases corretas e **E** para as frases erradas.

☐ Desde que são formados, os bairros nunca mudam de aparência.

☐ Os bairros têm história, isto é, eles são formados, crescem ou diminuem e recebem um nome.

☐ Só existem bairros nas cidades, nunca nas áreas rurais.

☐ Há vários tipos de bairro: residenciais, comerciais, industriais.

2 Escreva o nome da rua, do bairro e da cidade onde você mora.

_____
_____
_____

3) Observe e compare as fotos a seguir; depois marque:

- com **A** as que retratam imagens de cidades na atualidade;
- com **P** as que retratam imagens de cidades no passado.

São Paulo (SP).

Curitiba (PR).

Fortaleza (CE).

Salvador (BA).

4) Faça uma pesquisa na internet, em livros ou em revistas e encontre fotografias ou pinturas que representem uma cidade do passado e uma cidade da atualidade. Imprima ou recorte as imagens que escolher e cole-as no caderno. Anote, para cada uma, o nome do lugar, o ano em que foi retratado e onde você as encontrou.

EU GOSTO DE APRENDER MAIS

A fundação da cidade de Salvador

No início de sua história, o Brasil foi uma colônia de Portugal. Os portugueses começaram a chegar a partir do século XVI e, mais ou menos na metade desse século, decidiram fundar uma cidade para servir de capital.

O primeiro governador nomeado para o Brasil foi Tomé de Sousa. Ele chegou em 1548, na região onde hoje é o estado da Bahia. No ano seguinte, fundou a primeira capital: São Salvador de Todos-os-Santos.

A fundação de cidades seguia um documento do governo português, chamado Regimento Real, que orientava como se deveria fazer. Era preciso escolher um lugar alto, com "bons ventos" e onde houvesse água limpa. Para a fundação de Salvador, também foram estabelecidos critérios relativos à segurança contra ataques por terra e mar.

O terreno foi escolhido na parte alta, cerca de 60 metros de altura acima do nível do mar.

Com o passar do tempo, a cidade se formou em dois níveis, conhecidos como Cidade Alta e Cidade Baixa.

Para a ligação entre esses níveis, foi construído o Elevador Lacerda.

Elevador Lacerda, criado pelo engenheiro Antônio de Lacerda, inaugurado em 1873. Foto de 2018.

ATIVIDADES COMPLEMENTARES

1 O texto apresenta informações sobre a fundação de qual cidade?

☐ São Paulo. ☐ Rio de Janeiro. ☐ Salvador.

2 Como era chamada a capital do Brasil em 1549? Atualmente, qual é o nome da capital do Brasil?

_____

3 Segundo o texto, quais critérios foram estabelecidos para a fundação de Salvador?

_____

4 Com o passar do tempo, a cidade de Salvador cresceu tanto nas partes mais elevadas quanto na região mais baixa, à beira-mar. Complete.

a) Salvador passou a ter duas partes, conhecidas como _____ _____ e _____. (Cidade Baixa e Cidade Alta)

b) A ligação entre essas duas partes passou a ser feita pelo _____ _____, inaugurado no ano de _____. (Elevador Lacerda / 1873)

LEIA MAIS

A cidade que derrotou a guerra

Antonis Papatheodoulou. São Paulo: Companhia das Letras, 2014.

Esta cidade é muito diferente: ela faz coisas nas quais ninguém acreditaria... Até acabou com uma guerra!

LIÇÃO 2

A VIDA NO CAMPO

Reunir-se para sobreviver

Ao conversarmos sobre ruas e bairros, na lição anterior, falamos sobre as cidades. Hoje, a maioria das pessoas vive em cidades, pequenas ou grandes. Mas nem sempre foi assim.

Os primeiros agrupamentos humanos moravam no **campo**. As pessoas reuniam-se em pequenos grupos, pois assim tinham mais chances de sobreviver. Esses agrupamentos viviam da caça, da pesca e da coleta de alimentos da natureza, pois não sabiam como plantar vegetais ou criar animais.

Quando acabava a comida de uma região, os grupos eram obrigados a se mudar. Por isso, eram chamados **nômades**.

Nesta lição, vamos estudar algumas das atividades que os seres humanos desenvolveram no campo para obter alimentos.

MEHENDRA_ART/SHUTTERSTOCK

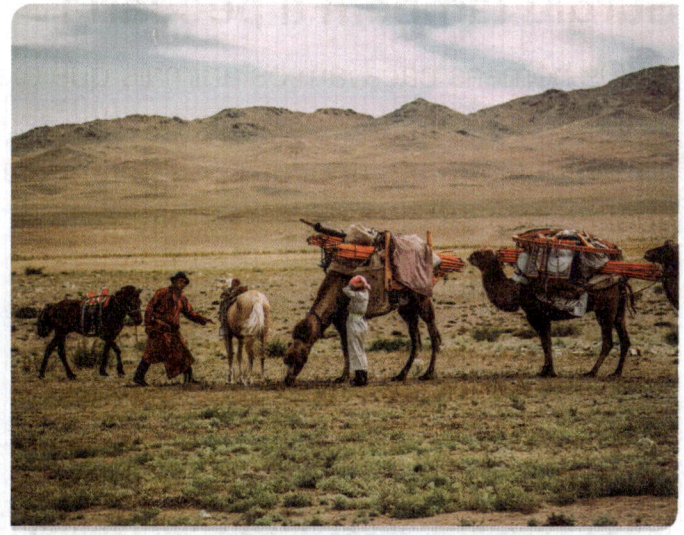

Família nômade mongol. Foto de 2017.

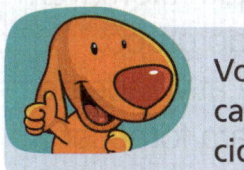

Você vive no campo ou na cidade?

VOCABULÁRIO

nômades: grupos que não têm moradia fixa, mudando-se de lugar quando acaba a comida nas áreas onde vivem.

As mulheres desenvolveram a agricultura

No início da humanidade, as tarefas eram divididas: os homens e os meninos eram responsáveis pela caça e pela pesca; as mulheres e as meninas faziam a coleta, isto é, colhiam os vegetais que já existiam na natureza.

Com o tempo, as mulheres perceberam que, quando uma semente caía no chão, brotava uma nova planta. Se bem cuidada, a planta dava frutos, e os frutos, tinham sementes que poderiam ser plantadas de novo.

Essa descoberta foi um passo gigantesco na vida dos seres humanos. Assim surgiu a **agricultura**, que é a atividade de plantar e colher.

Representação de como era a agricultura no início.

Surgiu também a pecuária

Os homens caçavam os animais que existiam na natureza. Mas algumas espécies se aproximavam dos seres humanos, em busca de alimento. Com o tempo, as pessoas passaram a cuidar dos animais que podiam lhes servir de alimento.

Também descobriram que alguns deles produziam leite ou ovos, que reforçavam a alimentação do grupo. Assim, surgiu a atividade de criar animais para fornecer alimentos, que é chamada **pecuária**.

Representação de como era a pecuária no início.

ATIVIDADES

1 Os primeiros grupos humanos não sabiam plantar nem criar animais. Como eles obtinham alimentos?

_____

2 Complete as frases abaixo sobre a divisão de trabalho entre os primeiros grupos humanos.

a) As mulheres e as meninas faziam a _____ de alimentos da natureza.

b) Os homens e os meninos _____ e _____.

3 Marque com um **X** as respostas corretas.

☐ Os homens descobriram que podiam plantar sementes para colher frutos.

☐ As mulheres observaram que poderiam plantar sementes para obter alimento.

☐ Os primeiros grupos humanos viviam sempre no mesmo lugar.

☐ A criação de animais começou quando algumas espécies se aproximaram dos seres humanos, em busca de alimento.

4 Por que o desenvolvimento da agricultura e da pecuária foi importante para os primeiros grupos humanos?

_____

_____

_____

Surgiram as primeiras aldeias

A agricultura e a pecuária mudaram o modo de viver dos primeiros agrupamentos humanos. Eles não precisavam mais mudar de um lugar para outro em busca de alimentos. Deixaram de ser nômades para se fixar em um lugar, tornando-se **sedentários**.

O resultado dessa mudança foi a formação dos primeiros agrupamentos humanos, chamados **aldeias**. Para facilitar a vida das pessoas, esses grupos geralmente se formavam às margens dos rios.

Representação de como seria uma aldeia no início da humanidade.

Para viver em uma aldeia, as pessoas precisavam construir moradias, fazer os próprios objetos para a caça e para a pesca e confeccionar as roupas que vestiam. Os seres humanos começaram então a vida em **comunidade**.

VOCABULÁRIO

sedentário: aquele que permanece morando em um lugar; quem tem moradia fixa.
comunidade: conjunto de pessoas organizadas em determinado lugar para uma vida comum, em que ajudam umas às outras.

Surgiram as ferramentas

No começo, as pessoas usavam as mãos para plantar e colher alimentos. Depois, criaram algumas **ferramentas** feitas de ossos e pedras lascadas. Uma das principais ferramentas era a enxada, que servia para preparar a terra para o plantio.

Outro avanço foi a criação do arado, uma ferramenta puxada por animais, usada para semear a terra.

Muitos séculos depois, a invenção de máquinas tornou a agricultura ainda mais eficiente.

Surgiu o comércio

Com o tempo, mais pessoas passaram a viver nas aldeias. Em uma aldeia, algumas pessoas só realizavam o plantio e não tinham tempo para produzir outras coisas de que precisavam.

Mas como sobravam produtos do seu trabalho essas pessoas passaram a trocar mercadorias com outros moradores e, assim, a obter aquilo que não podiam fazer.

Quem produzia frutas trocava, por exemplo, com quem produzia ovos; quem plantava verduras trocava com quem tivesse leite; calçados eram trocados por alimentos, e assim por diante.

Até que, em vez de trocar uma coisa por outra, foram inventadas as moedas. A atividade de troca, então, passou a chamar-se **comércio**.

Representação do comércio nos primeiros assentamentos urbanos.

ATIVIDADES

1 Quais atividades deram origem à formação das primeiras aldeias?

_____

2 Pinte os quadros com os nomes dos materiais utilizados pelos primeiros grupos humanos na fabricação de ferramentas.

| metal | madeira | ossos |

| folhas | pedras | plástico |

3 As atividades humanas nas aldeias sofreram transformações. Marque com um **X** as informações que completam a frase.

- As trocas aconteciam quando as pessoas:

☐ não criavam animais, mas podiam produzir tudo de que necessitavam: roupas, móveis, calçados etc.

☐ jogavam no lixo tudo que sobrava.

☐ trocavam o que sobrava do seu trabalho com outras pessoas.

☐ paravam de trabalhar.

4 Sublinhe a frase correta sobre a importância do surgimento de moedas para o comércio.

- As moedas dificultavam o comércio, mas enriqueciam os comerciantes.

- As moedas facilitavam as trocas e eram mais fáceis de guardar e carregar.

O trabalho no campo hoje

Muitos são os trabalhadores que vivem no campo atualmente no Brasil. Esses trabalhadores rurais plantam e colhem produtos como arroz, feijão, milho, legumes, verduras, frutas, entre outros. Eles trabalham também na pecuária, que é a criação de animais, como bovinos e suínos.

Agricultura em Araguari (MG). Década de 2010.

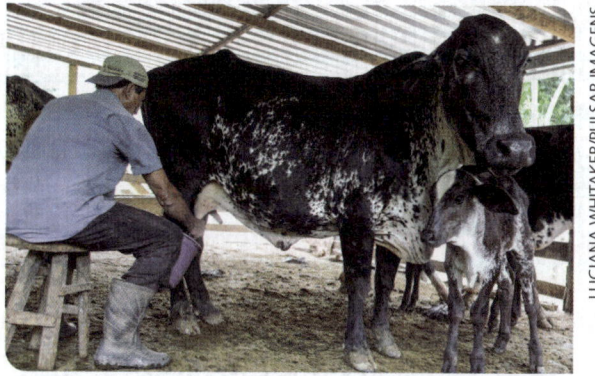

Pecuarista em Açucena (MG). Década de 2010.

Existem também trabalhadores do campo que retiram das florestas frutos, como a castanha-do-pará, o açaí e o babaçu, e plantas utilizadas para fazer remédios, perfumes e chás. Esse tipo de trabalho recebe o nome de extrativismo vegetal.

Há produtos como o café, a soja e a laranja, por exemplo, que são produzidos para serem vendidos para outros países. Muitos desses produtos são preparados na agroindústria.

Seringueiro em Neves Paulista (SP). Década de 2010.

Você sabe onde são produzidos os alimentos que você consome?

Colheita de laranjas em Bebedouro (SP). Década de 2010.

ATIVIDADES

1 Faça a correspondência.

- A   Alimentos que provêm da agricultura.

- B   Alimentos que provêm da pecuária.

- C   Alimentos que provêm do extrativismo.

☐ Feijão.   ☐ Açaí.

☐ Castanha-do-pará.   ☐ Leite.

☐ Carne de frango.   ☐ Laranja.

2 Preencha a ficha a seguir com alimentos que vêm do campo e você gosta de comer no café da manhã, no almoço e no jantar.

Alimentos do campo que eu gosto de comer

- No café da manhã:
  _____
  _____

- No almoço:
  _____
  _____

- No jantar:
  _____
  _____

EU GOSTO DE APRENDER

Leia o que você estudou nesta lição.

- Os primeiros grupos humanos aprenderam a plantar e iniciaram a agricultura.
- Eles também começaram a cuidar de animais que serviriam de alimento, dando início à pecuária.
- A agricultura e a pecuária permitiram que as pessoas ficassem em um só lugar. Assim, nasceram as primeiras aldeias.
- Os grupos passaram a construir moradias, a desenvolver ferramentas para o plantio e a produzir mais alimentos.
- Atualmente, grande parte das pessoas vive em cidades, mas ainda há muita atividade no campo.
- É no campo que se pratica a agricultura, a pecuária e a agroindústria, que é a industrialização de produtos do campo.

ATIVIDADES

1 Circule o que completa a frase de modo correto.

a) Os primeiros seres humanos viviam:

    no campo.   nas cidades.

b) As pessoas só puderam se fixar em um local após aprenderem:

    a produzir ferramentas de trabalho.   agricultura e pecuária.

2 "Quando o comércio começou, as pessoas já usavam dinheiro." Esta frase está correta? Explique.

_____

_____

3 Quais atividades são praticadas no campo hoje em dia?

_____

4 Analise a imagem a seguir e preencha uma ficha sobre ela.

Idílio (1929), de Tarsila do Amaral. Óleo sobre tela, 37,9 cm × 46 cm.

Nome do quadro: _____

A pintora se chama: _____

Essa pintura foi feita no ano de: _____

VOCABULÁRIO

idílio: tanto pode significar namoro como algo bonito relacionado ao campo, ou seja, campestre.

a) Pinte a resposta certa. Esse quadro mostra uma cena:

☐ da cidade.   ☐ do campo.

b) Como você concluiu a resposta anterior?

_____

_____

_____

5 Assinale os elementos que aparecem na pintura de Tarsila do Amaral.

☐ Uma casa.   ☐ Um casal de costas.

☐ Um boi.   ☐ Ruas com muito trânsito.

☐ Um cachorro.   ☐ Morros e vegetação.

6 Em sua opinião, a vida no campo atualmente é tranquila, como mostra o quadro de Tarsila? Converse sobre isso com o professor e os colegas.

_____

_____

_____

_____

_____

EU GOSTO DE APRENDER MAIS

O que é ser caipira?

No Brasil, as pessoas que moram no campo são chamadas de "caipiras". Você já ouviu esta expressão?

A palavra "caipira" é de origem tupi e significa "morador da roça", ou seja, pessoa que vive de seu trabalho na terra, como agricultor.

No cinema brasileiro, há um personagem caipira que se tornou muito famoso: o Jeca, um sujeito muito esperto e engraçado. Ele foi interpretado por Amácio Mazzaropi, um cineasta que era adorado pelo público. O caipira Jeca foi inspirado no personagem Jeca Tatu, criado por Monteiro Lobato em 1914.

Nas histórias em quadrinhos, o desenhista Mauricio de Sousa criou o personagem Chico Bento, que também é um caipira. Uma característica de Chico Bento é que ele fala em "caipirês". Mas todo mundo o entende!

Não se deve pensar que o termo "caipira" é ofensivo. Ao contrário! Ser caipira significa ter nascido em um local onde as atividades agrícolas predominam. Significa também ter conhecimentos que as pessoas da cidade nem imaginam! É por isso que dizem que todo caipira é muito sábio! Ou melhor, é muito "sabido"!

Chico Bento e sua turma, personagens de Mauricio de Sousa.

ATIVIDADES COMPLEMENTARES

1 Você é caipira? Por quê?

_____

_____

2 De acordo com o texto, a palavra "caipira" é de origem tupi, indígena. O que essa palavra significa?

_____

3 Quais caipiras famosos são mencionados nesse texto?

_____

_____

4 Entreviste um adulto que tenha mais de 60 anos e pergunte se ele já ouviu falar de Mazzaropi. Pergunte se ele gostava de assistir a filmes com o Jeca Tatu e por quê. Depois, relate para os colegas e o professor o que o adulto falou.

LEIA MAIS

Manual da roça do Chico Bento

Mauricio de Sousa. São Paulo: Globo, 2002.

Além de contar muitos "causos", esse manual ensina como é a vida no campo e quais são os animais, os brinquedos e as brincadeiras de que as crianças mais gostam!

LIÇÃO 3
O MUNDO DO LAZER

O que é lazer?

Lazer significa o que a gente faz durante o tempo de folga, de descanso. É o conjunto de atividades agradáveis e prazerosas que temos na nossa vida.

 Como você costuma passar seus momentos de lazer? Você faz algo semelhante às crianças mostradas nestas fotos? Em qual delas?

Crianças jogando futebol.

Crianças jogando *videogame*.

Crianças brincando de amarelinha.

Amigos se divertindo em parque aquático.

Toda criança tem direito ao lazer. E os adultos também! Da mesma forma que as crianças estudam e têm seus momentos para brincar, os adultos trabalham e precisam de alguns momentos para descansar e se divertir. Assim, nos fins de semana e nas férias, eles tiram um tempo para o lazer.

Você sabe por quê?

É uma questão de saúde. Nosso corpo e nossa mente precisam desse tempo para recuperar energias. Isso acontece por meio de alimentação saudável e também de descanso, de atividades agradáveis e de distração.

As crianças normalmente passam seu tempo de lazer brincando.

Elas também têm momentos de lazer descansando ou passeando, com amigos ou com os familiares.

ATIVIDADES

1 Sublinhe a frase que fala de momentos de lazer das crianças.

a) Meninos e meninas crescem muito depressa.

b) É gostoso correr no parque nos domingos de manhã.

c) Os adultos também precisam de lazer.

d) Durante a semana, as crianças frequentam a escola todos os dias.

2 Ligue a palavra **lazer** a uma definição correta.

LAZER

é o direito de estudar.

é um direito que só as crianças têm.

é apenas o passeio de final de semana.

é o tempo de folga ou a atividade que se tem no tempo de folga.

3 Cole nos espaços abaixo recortes ou desenhos mostrando pessoas em momentos de lazer. Depois, escreva uma legenda para cada quadro, com uma frase que explique qual atividade cada pessoa está realizando. Veja um exemplo:

GOODLUZ/SHUTTERSTOCK

Mariana está tocando violão.

39

4 Pense nos seus familiares e assinale as atividades que eles têm nos momentos de lazer.

- [ ] Assistir à televisão.
- [ ] Dormir.
- [ ] Passear.
- [ ] Ir ao cinema.
- [ ] Desenhar.
- [ ] Conversar na rua com vizinhos e amigos.
- [ ] Ir ao clube.
- [ ] Convidar amigos e parentes para visitá-los em casa.
- [ ] Ir à casa de amigos e parentes para visitar.
- [ ] Ler livros, revistas e jornais.

5 Agora marque as atividades que seus familiares têm que NÃO são de lazer.

- [ ] Descansar.
- [ ] Limpar a casa.
- [ ] Trabalhar em outro local fora de casa.
- [ ] Ir à praia.
- [ ] Fazer compras.
- [ ] Ir ao parque.
- [ ] Ir ao médico ou ao posto de saúde.
- [ ] Passear.
- [ ] Brincar com animais de estimação.

Os meus momentos de lazer

Nas horas de lazer, Fátima gosta muito de brincar de roda no pátio do prédio onde mora.

Julinho, seu irmão, prefere jogar *videogame* no computador, no quarto.

Ana Paula, uma das amigas de Fátima, adora brincar de cabeleireira, para pentear todas as bonecas dela e das amigas. Ela faz isso na sala ou no quarto.

Maria Cecília prefere jogar futebol com os meninos do parque e é ótima goleira.

E você, o que faz nos momentos de lazer?

ATIVIDADES

1 Escreva os espaços de lazer que foram mencionados no texto acima.

_____

2 Associe a criança com o que ela faz nos momentos de lazer.

Maria Cecília	Pentear as bonecas.
Ana Paula	Jogar futebol.
Fátima	Jogar *videogame*.
Julinho	Brincar de roda.

3 Qual das brincadeiras citadas no texto você também costuma realizar?

_____
_____

4 De qual brincadeira você mais gosta? Onde você costuma brincar disso?

_____
_____

5 Converse com dois colegas da classe e pergunte o que eles fazem nos momentos de lazer. Registre em seguida.

Nome do colega: _____

O que ele faz: _____

Nome do colega: _____

O que ele faz: _____

6 Desenhe sua família e você em um momento de lazer.

Quais os meus espaços de lazer?

Cada pessoa tem um lugar preferido para seus momentos de lazer. Algumas gostam de ficar ao ar livre, outras preferem alguma atividade em um ambiente mais aconchegante, como a sala ou o quarto.

O espaço do lazer depende do que se faz.

Praticar esportes, por exemplo, pode ser no clube, em parques, no pátio ou em quadras apropriadas.

Ler e assistir a vídeos ou programas na televisão podem ser em um lugar confortável, como a sala ou o quarto.

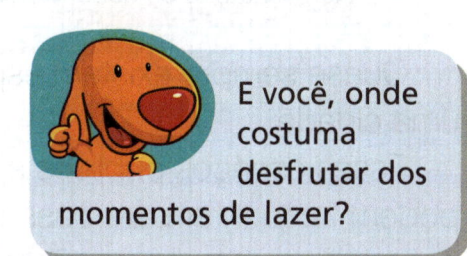

E você, onde costuma desfrutar dos momentos de lazer?

ATIVIDADES

- Escreva um pequeno texto contando tudo que você fez no último domingo.

_____
_____
_____
_____
_____

O lazer no bairro onde moro

Apresentação de quadrilha em Pirapora do Bom Jesus (SP). Foto de 2019.

Quase sempre existem espaços públicos de lazer nos bairros de uma cidade.

Esses espaços públicos são os parques e jardins, que as pessoas podem frequentar para passar algum tempo descansando, praticando esportes e conversando. Também existem associações de moradores, igrejas, clubes e outras organizações que costumam oferecer aos participantes atividades de lazer e diversão.

As festas nos bairros reúnem moradores em determinados locais ou ruas e podem ser uma ocasião para as pessoas se confraternizar.

Nas festas juninas, por exemplo, em muitas localidades brasileiras, há comemorações feitas nas ruas e em parques dos bairros. Os moradores fazem barraquinhas para vender comidas típicas, vestem-se com roupas de caipira e, em aparelhos de som, colocam músicas juninas para tocar. Em determinado momento, dança-se a quadrilha, que é uma tradição dessas datas.

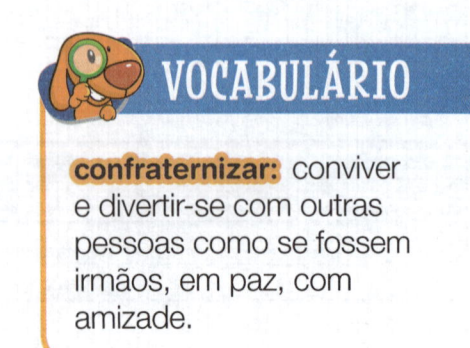

VOCABULÁRIO

confraternizar: conviver e divertir-se com outras pessoas como se fossem irmãos, em paz, com amizade.

Também existem festas populares diferentes, em outras regiões brasileiras, como bumba meu boi, moçambique etc.

Grupo folclórico em apresentação na cidade de Belém (PA). Foto de 2016.

VOCABULÁRIO

moçambique: dança folclórica e tradicional, geralmente em homenagem a São Benedito, introduzida no Brasil por africanos escravizados. É dançada com bastões que um dançarino bate no de outro dançarino.

Nas festas religiosas católicas, realizam-se procissões que são acompanhadas por muitos fiéis. Depois da procissão, os devotos costumam se reunir em alguns locais e realizar quermesses. Você já participou de alguma quermesse?

Procissão da festa do Círio de Nazaré, em Belém (PA). Foto de 2012.

VOCABULÁRIO

quermesse: feira realizada ao ar livre, com sorteios, jogos e brincadeiras. A renda é beneficente, isto é, destinada a alguma instituição ou para caridade.

Se um bairro não oferece espaço de lazer para seus moradores, o que as pessoas podem fazer para solucionar esse problema? É possível realizar campanhas para melhorar a qualidade de vida da comunidade, o que inclui ter espaço para o lazer. Por exemplo, os integrantes de uma associação de bairro podem seguir estas etapas:

- Reunir-se para discutir o problema e apresentar sugestões.

- Organizar um abaixo-assinado pedindo às autoridades um espaço como, por exemplo, um parque, um jardim público, um imóvel que pudesse servir de clube etc.
- Enviar o abaixo-assinado a vereadores, ao subprefeito e ao prefeito.
- Comunicar a repórteres que estão fazendo essa reivindicação, para a notícia sair na imprensa.

ATIVIDADES

1. Você sabe quais são as oportunidades de lazer que existem no seu bairro? Escreva uma lista no caderno.

2. Faça uma entrevista com dois adultos que morem com você ou nas proximidades para descobrir qual local de lazer eles mais gostam de frequentar nesse bairro. Registre em seguida:

Nome do 1º adulto: _____

Local de que gosta: _____
_____

Nome do 2º adulto: _____

Local de que gosta: _____
_____

3. No seu bairro existe alguma festa tradicional? Qual é?
_____

O lazer no passado

As formas de lazer no presente são iguais às dos passado? Os adultos e as crianças hoje se divertem do mesmo modo que os adultos e as crianças de 50 ou 100 anos atrás?

Vamos analisar o lazer infantil. Se compararmos a infância atual com a que tiveram nossos pais e avós, encontraremos muitas semelhanças e muitas diferenças.

Um ponto semelhante é que criança sempre gosta de brincar, e em todas as épocas foram usadas a imaginação e a criatividade nessas brincadeiras.

Brinquedo de 1900. Na foto, crianças empurrando e equilibrando aros de metal com alça.

Playground típico dos anos 1910 em Nova York, Estados Unidos.

Porém, são muitas as diferenças. No passado, havia menos brinquedos vendidos em lojas e não havia jogos eletrônicos, por exemplo. Assistir à televisão era mais difícil, principalmente quando esse meio de comunicação começou a existir no Brasil, na década de 1950.

Então, as crianças brincavam na rua, nos quintais, ou, se viviam no campo, nas áreas de cultivo e de criação de animais.

Os brinquedos eram feitos com o que existia disponível, como pedaços de tecido, sabugos de milho, pedacinhos de madeira, latas, entre outras coisas.

Também havia muitas brincadeiras coletivas, como pega-pega, esconde- -esconde, roda etc.

Mas uma coisa parece certa: o lazer infantil no passado era tão divertido quanto no presente! E muitas dessas brincadeiras e desses brinquedos existem ainda hoje.

> Você conhece alguma dessas brincadeiras de antigamente? Você tem algum brinquedo feito de tecido ou madeira?

EU GOSTO DE APRENDER

Leia o que você estudou nesta lição.
- Lazer é o tempo de folga ou de descanso.
- Todas as pessoas precisam de lazer para ser saudáveis e repor energias.
- Toda criança tem direito ao lazer. Nesse tempo ela descansa, brinca e se diverte.
- Os espaços de lazer podem variar, dependendo da atividade.
- Esportes e brincadeiras agitadas devem ser realizados ao ar livre ou em espaços apropriados.
- Atividades de lazer como ler, descansar e assistir a vídeos ou à televisão podem ser em lugares mais aconchegantes, como na sala ou no quarto.
- Normalmente há muitos lugares de lazer em um bairro, como parques, clubes etc.
- Festas tradicionais e religiosas também são uma ocasião para o lazer.
- Se em um local não existir espaço público para lazer, os moradores podem se reunir para resolver esse problema, solicitando mudanças às autoridades.
- Existem semelhanças e diferenças entre as formas de lazer na atualidade e no passado.
- As crianças, no passado, brincavam mais na rua e nos quintais e também tinham brinquedos confeccionados em casa, não comprados em lojas.

ATIVIDADES

1 Marque **F** para falso e **V** para verdadeiro.

☐ Lazer é desperdício de tempo e deve ser evitado tanto por adultos quanto por crianças.

☐ As pessoas precisam repor energias gastas no trabalho. Para isso devem descansar e se divertir em momentos de lazer.

☐ Os modos de ter lazer nunca mudaram e atualmente são iguais aos do passado.

☐ No passado, há 50 ou 60 anos, tanto os adultos como as crianças assistiam menos à televisão e conviviam mais com vizinhos e amigos.

☐ No passado, era comum os brinquedos serem feitos com materiais como pedaços de pano, madeira, da natureza etc.

☐ Havia muitos brinquedos eletrônicos há 100 ou 200 anos. Também havia jogos de computador.

2 Escreva uma forma de lazer das crianças da atualidade que não existia há 100 anos.

_____

_____

3 Faça uma lista de lugares que você frequenta em seus momentos de lazer.

_____

_____

_____

4 De qual atividade de lazer você mais gosta? Por quê?

_____

_____

_____

5 Assinale com um **X** as atividades de lazer que podemos encontrar em um bairro.

☐ Serviço de limpeza das ruas.

☐ Grupos de ginástica em parques públicos.

☐ Passeios dirigidos em museus ou lugares históricos.

☐ Lojas e supermercados.

☐ Festas religiosas e tradicionais.

☐ Desfiles de carnaval de moradores do lugar.

☐ *Shows* de música.

☐ Temporada de circos.

LEIA MAIS

A cozinha encantada dos contos de fadas

Katia Canton. Ilustrações de Katia Canton, Juliana Vidigal e Carlo Giovani. São Paulo: Companhia das Letrinhas, 2016.

Que tal nos seus momentos de lazer seguir algumas receitas e preparar um lanchinho para os amigos? E, enquanto comem, eles podem se lembrar dos contos infantis que inspiraram essas delícias, como o pão de queijo da Chapeuzinho Vermelho, a salada de frutas requintada da Cinderela e maçãs assadas com canela da Branca de Neve.

EU GOSTO DE APRENDER MAIS

Leia o texto a seguir. É uma lembrança do senhor Paulo Afonso de uma brincadeira que ele conheceu quando criança.

As brincadeiras dos meninos menores

Os meninos de seus 5 até uns 10 anos gostavam, também, de brincar de fazendinha, fazendo cercas do talo de folha de mamão para simbolizar as divisões do curral e dentro colocavam uns ossinhos de pés de porco que sobravam da feijoada, para representar as vaquinhas. Meu caro, fui fazendeiro várias vezes em minha infância. Havia gente que usava até manga ou caroços de manga para representar os boizinhos.

BARBOSA, Paulo Afonso Ribeiro. Amorinópolis na metade do século passado. Disponível em: www.oestegoiano.com.br/noticias/edicoes-anteriores/as-brincadeiras-das-criancas-no-seculo-passado. Acesso em: 3 fev. 2022.

1 Do que os meninos de 5 a 10 anos gostavam de brincar?
_____

2 Como os meninos faziam as cercas do curral e os animaizinhos?
_____
_____

3 Você já brincou de algo parecido? Já construiu um lugar de brincadeira? O que foi?
_____
_____

4 Atualmente, as crianças ainda costumam brincar do mesmo modo que o senhor Paulo Afonso? Justifique a resposta no caderno.

LIÇÃO 4 — O LUGAR ONDE VIVO: O BAIRRO

Observe as imagens de bairros representadas em duas obras da artista brasileira Tarsila do Amaral.

Paisagem (1931), de Tarsila do Amaral. Óleo sobre tela, 39,5 cm × 46 cm.

Esse quadro representa um bairro rural nos anos 1930. Nos bairros localizados no campo, as pessoas vivem em casas mais isoladas umas das outras e as atividades mais importantes são a agricultura e a criação de animais.

São Paulo (1924), de Tarsila do Amaral. Óleo sobre tela, 57 cm × 90 cm.

A artista Tarsila do Amaral representou no segundo quadro um bairro de São Paulo na década de 1920. Nessa época, a cidade tinha bairros onde ficavam as fábricas e as casas dos trabalhadores.

1 O bairro onde você mora fica na cidade ou no campo?

_____

2 No quadro que representa um bairro rural, quais elementos lembram uma paisagem no campo?

☐ Montanhas e rio. ☐ Muitas árvores.

☐ Casas distantes umas das outras.

3 No quadro que representa o bairro urbano, isto é, a cidade, como são representadas as moradias?

☐ Prédios de apartamentos. ☐ Não há moradias.

☐ Casas bem separadas.

O que é um bairro?

Bairro é uma parte da cidade ou do município. Geralmente apresenta casas residenciais e comerciais, edifícios, áreas públicas e indústrias. Nele vivem ou trabalham muitas pessoas.

Espaços públicos são os locais comuns a todos os moradores da cidade, como ruas, avenidas, parques, praças etc. Existem também prédios públicos, como prefeitura, Tribunal de Justiça, postos de saúde.

Vista aérea da cidade de Natal (RN). Foto de 2018.

53

Espaços particulares são aqueles que pertencem a um ou mais proprietários, como bancos, lojas, supermercados, residências, farmácias.

Existem bairros que ficam perto do centro da cidade, e outros, mais afastados. Quando são afastados, dizemos que são bairros de periferia ou de subúrbio. Também há bairros que ficam fora da região **urbana**, no campo, por isso são chamados bairros rurais. Nos bairros rurais há menos ruas e casas, **predominando** zonas agrícolas, da **agroindústria** ou da pecuária.

Dependendo dos estabelecimentos que predominam no bairro, podemos classificá-lo em:

> **VOCABULÁRIO**
>
> **urbano**: da cidade.
> **predominando**: dominando, existindo em número maior.
> **agroindústria**: indústria de produtos de origem agrícola.

Residencial: quando existem mais residências.

Vista aérea de bairro residencial de Recife (PE). Foto de 2018.

Industrial: quando há principalmente indústrias.

Bairro industrial da cidade de Feira de Santana (BA). Foto de 2018.

Comercial: quando é um bairro com grande número de casas comerciais, como lojas, supermercados, armazéns, padarias, quitandas, mercadinhos, bancos, farmácias.

Bairro comercial da cidade de Florianópolis (SC). Foto de 2018.

De que tipo é o seu bairro?

Por que existem bairros?

Fotos da Avenida Paulista, em São Paulo, em duas épocas distintas: a primeira, em 1902, e a segunda, em 2018. É possível observar as mudanças ocorridas ao longo do tempo.

Os municípios foram divididos em bairros para facilitar a administração e a localização dos moradores. Alguns bairros são muito antigos, tendo surgido na mesma época de fundação da cidade. Outros são mais novos, fundados em épocas recentes.

Os primeiros bairros de uma cidade geralmente se formavam no centro, na região onde foram construídos os primeiros edifícios públicos, como a sede da prefeitura, a delegacia de polícia, a Câmara de Vereadores. Depois, à medida que a população ia crescendo, outros bairros apareciam, em decorrência das necessidades dos moradores: abriram-se ruas, fundaram-se casas comerciais ou indústrias, estabeleceram-se escolas, postos de saúde, e assim por diante.

Pátio do Colégio, ponto inicial da fundação de São Paulo, ocorrida em 1554. As primeiras construções de uma cidade geralmente foram erguidas no centro. Ali se forma um bairro histórico, pois se conserva a memória do local.

Bairro planejado da cidade de Ribeirão Preto (SP). Bairros novos surgem quando a população cresce e se fixa em locais em que possam ser construídas novas ruas e habitações. Para atender a população, são também abertos estabelecimentos como postos de saúde, casas comerciais e escolas.

55

Todo bairro precisa de melhorias como saneamento básico, calçamento das ruas, abertura de espaços de lazer, como parques e praças, e postos de saúde, para atender a população local.

Nem sempre essas melhorias ocorrem. As pessoas, em muitas ocasiões, precisam se unir para **reivindicar** das autoridades aquilo de que necessitam.

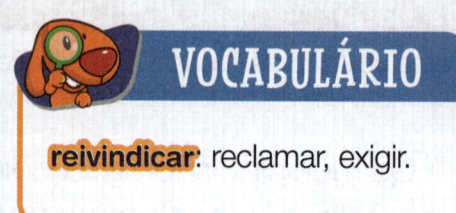

VOCABULÁRIO

reivindicar: reclamar, exigir.

Sede da Associação dos Remanescentes do Quilombo de São Francisco do Paraguaçu, da cidade de Cachoeira (BA). Foto de 2018.

ATIVIDADES

1 Como se chama o bairro onde você mora?

_____

2 No seu bairro existem casas comerciais? Registre o nome dos seguintes estabelecimentos de seu bairro:

Supermercado: _____

Quitanda: _____

Pizzaria: _____

Cabeleireiro: _____

Sapateiro: _____

3 Quando você vai à escola, utiliza algum meio de transporte? Se sim, que tipo de meio de transporte você utiliza?

_____
_____
_____

4 Quais são os locais de lazer que você conhece em seu bairro? Você frequenta algum desses locais? Qual?

_____
_____
_____

5 No seu bairro existe posto de saúde? Pesquise o nome e o endereço desse posto e registre.

_____
_____
_____
_____

6 Escreva um parágrafo descrevendo o bairro onde você mora.

_____
_____
_____
_____
_____

EU GOSTO DE APRENDER

Leia um resumo do que você estudou nesta lição.
- Bairro é uma divisão da cidade, feita para facilitar a administração e a localização dos moradores.
- Geralmente existem em um bairro casas comerciais, indústrias, moradias, estabelecimentos públicos como escolas, postos de saúde e espaços públicos como ruas, parques e praças.
- Os bairros mais afastados do centro são bairros de subúrbio ou de periferia.
- Os bairros localizados no campo são bairros rurais. Neles as casas são mais afastadas umas das outras e predominam atividades agrícolas, da pecuária ou da agroindústria.
- Os bairros têm história e surgem com o crescimento da população.
- Os bairros necessitam de serviços de infraestrutura, como saneamento básico, luz elétrica, calçamento de vias públicas, serviços de saúde e escolas, entre outros.
- Os moradores de um bairro podem se unir em associações para promover melhorias e resolver problemas da localidade.

ATIVIDADES

1 Complete as frases com as definições corretas.

a) Os bairros são as partes de uma _____.

b) Existem bairros _____, formados há muitos e muitos anos, e bairros _____, que surgiram recentemente.

c) Quando um bairro fica no campo, ele é chamado bairro _____.

d) O bairro que se localiza na cidade é um bairro _____.

2. Em um bairro existem espaços particulares e espaços públicos. Dê dois exemplos de cada tipo.

Espaços particulares: _____

_____.

Espaços públicos: _____

_____.

3. Geralmente, podemos conhecer um pouco do passado de uma cidade observando detalhes que ficam no centro histórico ou no bairro central dessa localidade. Na sua cidade, existe um centro histórico? Que construções existem lá?

_____

_____

_____

4. Se você fosse reivindicar alguma melhoria para o seu bairro, o que exigiria das autoridades? Pense nos problemas que existem no local e escreva no caderno uma carta a um vereador apresentando o problema e pedindo providências.

5. Pesquise três nomes de bairros de sua cidade e registre. Tente descobrir a origem desses nomes. Procure na internet ou peça ajuda ao professor, ao bibliotecário ou a algum adulto que conheça a história de sua localidade.

6. Pesquise um mapa de seu bairro e leia os nomes de ruas. Registre a seguir dois exemplos encontrados de nomes:

a) indígenas: _____

_____.

59

b) de mulheres: _____
_____.

c) de datas históricas: _____
_____.

d) de acontecimentos históricos: _____
_____.

e) de elementos da natureza: _____
_____.

7 Observe com atenção a rua em que você mora e desenhe no espaço a seguir dois quarteirões próximos da sua casa. Coloque o que existir, como casas comerciais, residências térreas, prédios etc. Os desenhos devem ser compartilhados com os colegas.

EU GOSTO DE APRENDER MAIS

Leia com o professor o texto a seguir, que fala de alguns bairros da cidade nordestina de Fortaleza.

Nomes de bairros de Fortaleza possuem forte influência da cultura indígena

Cambeba, Cocó, Itaperi, Maraponga, Mucuripe, Parangaba... Todos esses bairros de Fortaleza, [...] têm nomes com origem indígena.

Por Renata Monte em Cotidiano
10 de abril de 2015 às 07:00

A cultura indígena influenciou e ainda influencia diretamente os costumes e o cotidiano dos cearenses. Seja na forma de se alimentar, de dormir, de se vestir ou até mesmo nas denominações de ruas e bairros de Fortaleza. Em comemoração ao aniversário da capital cearense, [...] o **Tribuna do Ceará** listou alguns bairros com nomes indígenas. Curiosamente, diferentemente do que muitos fortalezenses pensam, não é o caso de **Messejana**, um dos bairros mais antigos da cidade, que tem nome com origem árabe.

– **Cambeba:** a palavra de origem tupi-guarani significa "cabeça chata", da união de "kan" (cabeça) e "beba" (achatada). A nomenclatura é em homenagem ao antigo Sítio Cambeba, local onde começou a produção de cachaça no Ceará.

– **Canindezinho:** o nome do bairro vem da palavra tupi "kanindé", nome de uma tribo de índios que viviam, primitivamente, nas margens dos rios Banabuiú e Quixeramobim.

– **Cocó:** a nomenclatura do bairro homenageia o rio que o corta. A palavra Cocó vem do plural de "có", que significa roça, que faz alusão às roças das tribos indígenas que faziam plantações próximas ao rio.

– **Curió:** o pássaro que nomeia um bairro fortalezense vem da língua tupi e significa "amigo do homem". Ganhou esse nome por ser um animal que gostava de viver próximo às tribos indígenas.

– **Itaoca:** de origem tupi, o nome do bairro significa "casa de pedra", da junção das palavras "ita" (pedra) e "oca" (casa).

– **Itaperi:** o nome do bairro, também de origem tupi-guarani, significa "pequena aldeia no meio da floresta".

– **Maraponga**: o bairro que cresceu no entorno de parte da bacia do Cocó e outros mananciais do local, quando ainda fazia parte da Parangaba. O significado da palavra Maraponga, segundo os historiadores, é "muitas águas".

– **Mucuripe**: a palavra tupi possui diferentes significados, como "vale dos mocós", "rio dos gambás" e "rio dos bacurizeiros".

Estátua de Iracema na cidade de Fortaleza (CE). Iracema foi uma mulher indígena que se tornou personagem de um romance, no século XIX. Essa obra de arte fica em uma praia que tem o mesmo nome: Iracema.

– **Parangaba**: o antigo município do Ceará, com a maior lagoa da cidade, era uma terra com aldeias indígenas. Originalmente, o nome do bairro era Porangaba. A palavra Parangaba significa "beleza", de acordo com a língua tupi.

MONTE, Renata. Nomes de bairros de Fortaleza possuem forte influência da cultura indígena. 10 abr. 2015. Tribuna do Ceará. Cotidiano. (Texto adaptado.) Disponível em: http://tribunadoceara.uol.com.br/noticias/cotidiano-2/nomes-de-bairros-de-fortaleza-possuem-forte-influencia-da-cultura-indigena/. Acesso em: 8 fev. 2022.

ATIVIDADES COMPLEMENTARES

1 Marque com um **X** o assunto desse texto.

☐ A história da cidade de Fortaleza.

☐ O significado dos nomes indígenas dos bairros.

☐ A origem dos bairros de todas as cidades do Ceará.

2 Associe as duas colunas, de acordo com informações do texto:

A Parangaba.

B Cocó.

C Mucuribe.

D Itaoca.

☐ Casa de pedra.

☐ Vale dos mocós, rio dos gambás ou rio dos bacurizeiros.

☐ Beleza.

☐ Plural de roça.

3 Nesse texto, ficamos sabendo que o nome de um bairro de Fortaleza, que se pensa ser de origem indígena, é de fato de origem árabe. Qual é o nome do bairro?

_____

4 A influência indígena em Fortaleza se dá apenas nos nomes? Explique.

_____
_____
_____

5 Você conhece a cidade de Fortaleza, no Ceará? Procure uma imagem dessa cidade em revistas ou imprima da internet, recorte e cole no espaço a seguir. Escreva uma legenda destacando o que você acha importante na fotografia.

LEIA MAIS

Meu bairro, pessoas e lugares

Lisa Bullard. São Paulo: Hedra Educação, 2012.

Lili tem um novo vizinho e vai mostrar o bairro a ele. Se fosse você, o que mostraria do lugar onde vive?

LIÇÃO 5

AS PESSOAS DO MEU BAIRRO

Os moradores do bairro

Em um bairro, os moradores têm mais facilidade de fazer amizades e conhecer os vizinhos, que são as pessoas que moram em casas ou apartamentos ao lado ou nas proximidades da nossa residência.

JOSÉ LUÍS JUHAS

1 Na ilustração, as pessoas parecem se conhecer? Por que você acha isso?
_____

2 No seu bairro, como as pessoas agem quando se encontram nas ruas?
_____

3 Você conhece seus vizinhos? Quem são eles?
_____
_____

65

Em lugares mais tranquilos, sem muito trânsito, as crianças até podem brincar na rua, mas isso, atualmente, está se tornando muito raro. Brincar na rua era mais comum no passado, porque havia menos carros circulando nas cidades. Atualmente, as crianças precisam tomar muito mais cuidado com os perigos das vias públicas. Elas devem estar sempre acompanhadas por adultos e obedecer às regras do trânsito, como atravessar a rua em faixa de pedestre e se orientar pelos semáforos.

A faixa de pedestres é o local seguro para atravessar a rua.

Geralmente os moradores de um bairro fazem compras nas proximidades de suas casas, em lojas, supermercados e **sacolões**. As crianças também estudam em escolas do próprio bairro.

VOCABULÁRIO

sacolão: nome popular de mercado onde se vendem verduras, legumes e frutas.

Nas cidades, muitos locais onde se vendem frutas, legumes e verduras recebem o nome popular de "sacolão".

Para trabalhar, entretanto, nem sempre as pessoas encontram empregos perto de casa e, por isso, precisam se deslocar para outros pontos da cidade. Para tanto, usam os transportes urbanos, que são ônibus, trens ou metrô. Ou, então, vão em veículos próprios.

ATIVIDADES

1 Você conhece ruas próximas da rua onde você mora? Escreva o nome de três delas.

_____

_____

2 Seus familiares trabalham no mesmo bairro onde vocês moram? Como eles vão até o trabalho?

_____

_____

3 Você tem amigos na rua onde mora? Escreva o nome de dois deles.

_____

_____

4 Se você não puder brincar na rua, em que local do bairro é possível ir com os amigos?

_____

5 Marque **F** para as frases falsas e **V** para as verdadeiras.

☐ Atualmente as crianças brincam na rua do mesmo jeito que faziam seus pais ou avós.

☐ Em ruas tranquilas, ninguém precisa obedecer às regras de trânsito.

☐ Nos bairros, as pessoas têm mais facilidade para fazer amizades.

☐ Os vizinhos são pessoas que moram ao lado ou nas proximidades de nossa casa.

☐ Nem sempre as pessoas conseguem emprego no próprio bairro.

A história do bairro

Todo bairro tem uma história. Geralmente os moradores mais antigos sabem como as ruas do lugar onde vivem foram abertas e se lembram de estabelecimentos que havia no passado. Há bairros planejados e outros que nasceram espontaneamente, à medida que as pessoas foram se mudando para o local. Às vezes, um bairro já existente cresce tanto que, para melhorar a administração, o governo municipal o divide em dois.

O bairro onde você mora também tem uma história. Para descobri-la, você pode perguntar a pessoas mais velhas que estejam há muitos anos nesse local. Ou, então, fazer uma pesquisa na biblioteca, na prefeitura da cidade e na internet.

Uma boa maneira de conhecer a história de um bairro é observar monumentos em praças, ruas ou outros locais. Os monumentos são homenagens que as pessoas fazem a alguém que foi importante para a comunidade ou, então, para lembrar algum fato histórico. Os monumentos de um bairro fazem parte do **patrimônio cultural e histórico**.

VOCABULÁRIO

patrimônio cultural e histórico: bem que pertence à cultura ou à história de uma localidade e deve ser preservado.

Na foto, à esquerda, Monumento em homenagem ao líder negro Zumbi dos Palmares, no centro histórico de Salvador (BA), 2021. À direita, estátua de Clarice Lispector, escritora, em Copacabana (RJ), 2021.

Os nomes dos bairros

Os nomes dos bairros também têm diversas origens. Às vezes é um nome de um local, que permanece por tradição, sendo passado de geração em geração. Há bairros com nomes indígenas, com nomes de elementos da natureza, com nomes de pessoas...

Veja um exemplo interessante: na cidade de Jacareí, no Vale do Paraíba, em São Paulo, havia um lugar pantanoso, cheio de lama, onde se encontravam muitos sapos. Eram tantos, que se dizia que nem dava para andar por lá sem esmagá-los. Esse local era chamado pela população antiga de "Esmaga Sapo". Mesmo quando a cidade cresceu e casas começaram a ser construídas, o nome permaneceu. Com o tempo, o pântano secou, os sapos desapareceram, as ruas foram asfaltadas, e o nome do lugar mudou para Praça dos Três Poderes, porque ali foi construída uma praça em torno de três prédios públicos: a prefeitura, a Câmara Municipal e o Tribunal de Justiça.

Fotografia de 1928 do Esmaga Sapo. Jacareí (SP).

Associações de bairro

Em muitas cidades, tanto nas brasileiras como nas de outros países, moradores de bairros ou de ruas têm se unido em associações, que são grupos onde podem discutir os problemas que todos enfrentam e propor soluções.

Um exemplo é a união de moradores para cuidar da segurança uns dos outros. As pessoas de uma rua formam um grupo em alguma rede social, pela internet, e, se algum problema ocorre com uma delas, ela avisa as demais e pede ajuda. É um grupo de ajuda **solidária**.

VOCABULÁRIO

solidário: que tem solidariedade, isto é, que está pronto para ajudar, dar apoio a quem precise.

Placa de uma associação de bairro colocada em um parque, pedindo a colaboração de todos para cuidar do lugar.

Também há casos em que os moradores de uma rua se unem para promover melhorias no calçamento, podar as árvores, consertar a rede elétrica e resolver outros problemas. Eles podem enviar às autoridades cartas e pedidos para que a prefeitura ou os responsáveis municipais resolvam essas questões.

ATIVIDADES

1. O que é uma associação de bairro?

___

2. Você conhece alguma associação de moradores em seu bairro? Qual é o nome dessa associação?

___

3. Pense em uma associação de moradores do bairro que você gostaria de criar e responda:

   a) Qual seria o nome da associação?

   ___

b) Quem você você chamaria para participar?

_____

_____

c) Quais problemas do bairro seriam discutidos por todos?

_____

_____

_____

d) Que festa a associação promoveria?

_____

_____

_____

Cuidar do bairro e do ambiente em que se vive

Cuidar do bairro não é apenas tarefa das autoridades ou de funcionários da prefeitura. Todos os moradores precisam preservar aquilo que existe de bom no lugar onde moram. Por exemplo, é importante ter áreas verdes, ou seja, plantas e árvores, porque elas purificam o ar, atraem pássaros, impedem que o ar se torne muito seco. Tudo isso favorece a boa saúde dos seres humanos.

Assim, é preciso que os parques e os jardins sejam sempre bem cuidados. As pessoas que frequentam esses lugares não devem jogar lixo fora das lixeiras nem destruir a grama, os canteiros ou sujar a água de lagos e bebedouros.

Outra atividade importante dos moradores de um bairro é se unir para que não haja altos índices de poluição no local. Poluição ocorre quando o ar fica contaminado por gases tóxicos ou outros fluidos que podem provocar doenças nas pessoas.

Como impedir a poluição? De vários modos. Por exemplo, as pessoas podem usar menos automóveis e se locomover de bicicletas. Em muitas cidades existem ciclovias, que são faixas nas ruas por onde esses veículos podem circular com segurança. E andar de bicicleta é um ótimo exercício físico para adultos e crianças.

Parque da Jaqueira em Recife (PE), 2020.

Outro modo de evitar poluição é não fazer fogueiras, que podem provocar queimadas, principalmente em regiões de muita vegetação.

Também não se deve despejar lixo em rios e córregos. E é recomendável que o lixo produzido em casa seja separado para reciclagem: em várias localidades existe coleta de materiais recicláveis ou então há locais certos para descartar vidro, metais, papéis e papelões. Esses materiais são enviados para empresas que os tornam reutilizáveis.

Outro tipo de poluição é a sonora. O barulho excessivo prejudica as pessoas, impede o descanso e o lazer e pode até provocar doenças. Por isso, nunca se deve tocar música alta ou usar veículos desregulados que fazem muito ruído nas ruas.

A poluição sonora não afeta apenas os humanos. Os animais, quando expostos ao barulho, sentem-se estressados, e isso atrapalha seus instintos. Até mesmo as plantas sofrem com o excesso de ruído.

ATIVIDADES

1 Sublinhe as frases que falem como evitar a poluição em um bairro.

a) Jogar o lixo apenas nos rios e regatos.

b) Separar o lixo para aproveitar materiais recicláveis.

c) Usar lixeiras nas ruas, nos parques e nas praças.

d) Permitir que apenas as fábricas lancem gases tóxicos na atmosfera.

e) Só se locomover em veículos movidos a gasolina.

2 Marque com um **X**. Um hábito saudável para preservar o ambiente é usar como meio de transporte:

☐ o ônibus.

☐ o automóvel.

☐ a bicicleta.

☐ o trem.

3 De quem é a responsabilidade de cuidar do bairro? Circule:

(prefeito)   (vereadores)   governador do estado
(moradores)   (funcionários da prefeitura)   exército
presidente da República   deputados   apenas homens adultos

4 O que é poluição sonora? Como evitá-la?

_____

_____

5 Sente-se com um colega e conversem sobre o seguinte problema: Em um bairro, uma empresa começou a jogar lixo tóxico em um rio próximo. O que os moradores desse bairro podem fazer contra isso?

EU GOSTO DE APRENDER

Nesta lição, veja o que você ficou sabendo.

- Nos bairros há mais facilidade de conhecer vizinhos e fazer amizades.
- Os moradores costumam fazer compras em estabelecimentos comerciais do próprio bairro.
- Quando havia pouco tráfego e menos movimento, as crianças brincavam na rua, mas atualmente isso é perigoso e deve ser evitado.
- Mesmo em bairros tranquilos é preciso ter cuidado nas ruas e respeitar as leis de trânsito.
- Os moradores de um bairro podem se unir em associações para resolver problemas e cuidar uns dos outros.
- Todos os moradores também são responsáveis pelos cuidados com o bairro. Eles devem preservar as áreas verdes e não poluir com lixo as ruas, os rios, as praças e os parques.
- Um modo de diminuir a poluição da localidade é usar menos automóveis e preferir veículos como a bicicleta.
- A poluição sonora, que é o barulho excessivo e incomoda os outros, também deve ser evitada.

ATIVIDADES

1 Escreva o nome do que tem perto da sua casa.

Uma farmácia: _____

Uma padaria: _____

Um sacolão: _____

Um posto de gasolina: _____

2 Marque com um **X** o que existe no seu bairro.

☐ Escolas públicas. ☐ Monumentos.

☐ Escolas particulares. ☐ Bancos.

☐ Parque. ☐ Lojas de roupas.

☐ Praça. ☐ Lojas de móveis.

3 Qual é o nome do seu bairro? Pesquise por que ele tem esse nome.

_____

_____

_____

_____

4 Escreva um parágrafo:

a) sobre o que você mais gosta em seu bairro.

_____

_____

b) sobre o que você não gosta em seu bairro.

_____

_____

5 Registre três problemas que você observou em seu bairro.

a) _____

b) _____

c) _____

6 Como você acha que esses problemas podem ser resolvidos?

_____

_____

_____

7 Pesquise em jornais, em revistas ou na internet e recorte a imagem:

a) de um bairro brasileiro muito antigo;

b) de um bairro brasileiro bem recente.

Cole essas imagens no caderno e escreva legendas dizendo qual é a cidade, o estado e o ano ou a época da fotografia.

LEIA MAIS

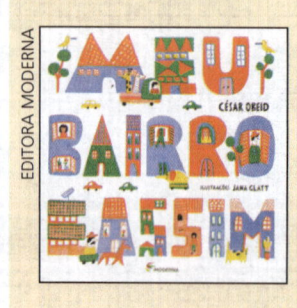

Meu bairro é assim

César Obeid. Ilustrações de Jana Glatt. São Paulo: Moderna, 2016.

Este livro é muito divertido! Tem texto rimado, como poesia, por isso é ótimo para ser lido em voz alta.

EU GOSTO DE APRENDER MAIS

Um bairro do passado

Leia um trecho de um artigo publicado em um jornal, sobre um bairro da cidade de São Paulo.

Aos 100 anos, o tempo parou na Vila Maria Zélia

Antigo espaço operário da zona leste paulistana segue um ritmo interiorano, com crianças brincando na rua e vizinhança unida

Priscila Mengue, *O Estado de S. Paulo*
14 Maio 2017 | 04h00

SÃO PAULO – "Quando se entra aqui parece que se saiu de São Paulo." O ilustrador Eduardo Baptistão, de 50 anos, trabalhou entre 1985 e 1986 ao lado da Vila Maria Zélia, na zona leste de São Paulo, mas só foi conhecer o local anos depois, ao visitar uma amiga. Ao chegar à escondida Rua dos Prazeres, se surpreendeu com o que viu: casarões e árvores antigos, crianças brincando e idosos na calçada em um local que se intitula a primeira vila operária do País. "Parecia uma cidade **cenográfica**", resume.

[...]

> **VOCABULÁRIO**
> **cenográfica**: de cenário, de filme.

MENGUE, Priscila. Aos 100 anos, o tempo parou na Vila Maria Zélia. 14 maio 2017. *O Estado de S. Paulo*. Disponível em: https://sao-paulo.estadao.com.br/noticias/geral,aos-100-anos-o-tempo-parou-na-vila-maria-zelia,70001779851. Acesso em: 8 fev. 2022.

ATIVIDADES COMPLEMENTARES

1 Em que cidade fica o bairro de que fala o artigo?
_____

2 Que elementos do passado o ilustrador Eduardo percebeu, quando foi visitar o bairro?
_____
_____

3 Qual é o nome do bairro?
_____

4 Em sua cidade existe algum bairro parecido com esse? Qual?
_____
_____

5 Converse com seus familiares e pergunte como era o bairro onde eles viviam quando eram crianças. Em seguida, registre:

a) como eram as casas.
_____
_____

b) como era o uso dos espaços públicos para brincadeiras.
_____
_____
_____

LIÇÃO 6 — O MUNDO DAS COMUNICAÇÕES

Você sabia que as crianças costumam "brincar de telefone"? Existem duas brincadeiras muito divertidas chamadas de "telefone sem fio" e "telefone de lata". Observe as ilustrações.

ILUSTRAÇÕES: JOSÉ LUÍS JUHAS

Crianças brincando de telefone de lata.

Crianças brincando de telefone sem fio.

O telefone de lata é um brinquedo que as crianças fazem com fio de barbante e latinhas vazias. O telefone sem fio não precisa de nada, somente da voz e de várias crianças. Você já brincou de telefone sem fio?

É uma brincadeira bastante divertida, porque a palavra dita pela primeira criança nunca é a mesma palavra que a última criança escuta.

Isso acontece porque a comunicação entre elas é oral e, por isso, pode haver muitas interferências.

Alguma criança pode não escutar bem o que foi dito, outra pode não entender, ou outra pode dar um significado diferente à palavra...

- Vamos fazer uma rodada de telefone sem fio? O professor dirá uma palavra para um aluno, que deve transmiti-la ao seguinte, e assim por diante.

O que será que vai acontecer?

O que é comunicação?

Quando duas ou mais pessoas conversam, trocando ideias ou informações, estão se comunicando.

As pessoas podem se comunicar oralmente ou mandando mensagens escritas por carta, *e-mail*, telefone celular etc.

Também existem comunicações coletivas, como as feitas por jornal, rádio, televisão e internet.

Há mais de 100 anos, as comunicações coletivas eram feitas por jornais, revistas e cartazes.

As comunicações individuais eram feitas por carta e também por telefone, que foi inventado no século XIX.

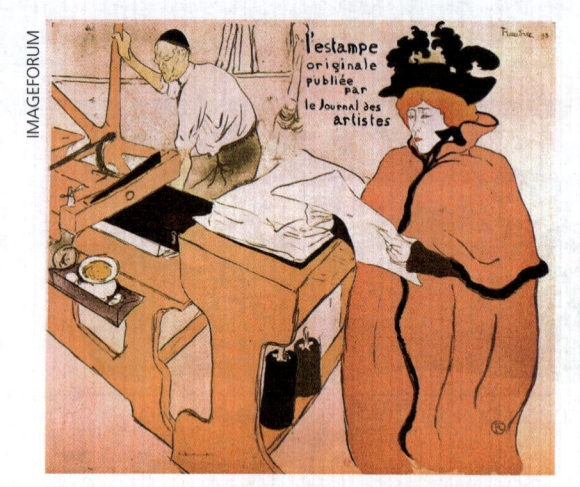

A impressão de um jornal no século XIX, em desenho de Henri Toulouse-Lautrec.

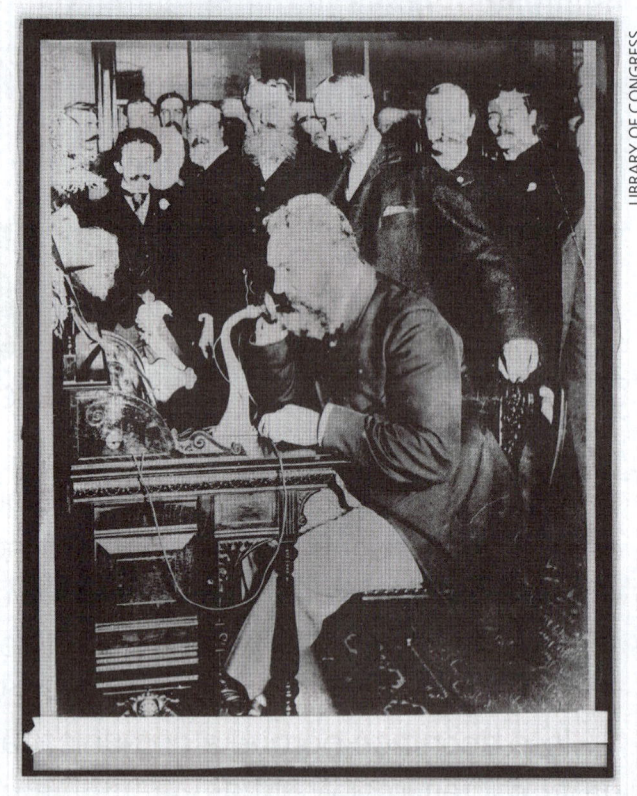

Alexander Graham Bell faz a primeira ligação telefônica de longa distância, entre Nova York e Chicago, nos Estados Unidos, em 1892.

O rádio, a TV, os computadores e a internet

No século XX, duas invenções provocaram uma grande mudança nas comunicações: o rádio e a televisão.

O rádio foi inventado no fim do século XIX e começou a ser utilizado no século XX.

80

O aparecimento do rádio foi uma grande sensação. Na foto, uma família reunida em torno do rádio, no início do século XX.

Quando apareceu, as pessoas ficavam deslumbradas por poder ouvir alguém falando, cantando ou dando notícias em um local muito distante de onde estavam, às vezes até em outro país.

Logo o rádio se tornou uma das principais formas de lazer no Brasil e no mundo.

A televisão foi inventada nos anos 1920 e chegou ao Brasil por volta de 1950. Os primeiros aparelhos de TV eram enormes e, para ligá-los ou mudar de canal, as pessoas tinham de manusear botões no próprio aparelho, pois não existia controle remoto.

As transmissões eram em preto e branco, os programas eram feitos ao vivo e só existiam dois ou três canais, que ficavam no ar apenas algumas horas do dia.

A transmissão de TV por satélite começou com a corrida espacial entre a Rússia (antiga União Soviética) e os Estados Unidos na década de 1960.

Hoje em dia, na **órbita** da Terra, existem centenas de satélites que transmitem os sinais de televisão no mundo inteiro.

VOCABULÁRIO

órbita: trajetória que um objeto percorre em volta de outro. Por exemplo: um planeta em torno do Sol ou um satélite em torno da Terra.

O primeiro satélite de comunicações, o Telstar 1, começou a funcionar em órbita em 1962 e possibilitou a primeira transmissão de televisão ao vivo entre Europa e Estados Unidos.

A maior inovação nas comunicações, entretanto, veio com a internet, que permite às pessoas conversar e trocar mensagens pelo computador.

Os computadores foram inventados também no século XX e no início eram enormes, chegando a ocupar salas inteiras.

O Telstar 1 foi lançado em 10 de julho de 1962 da Estação da Força Aérea de Cabo Canaveral, nos Estados Unidos.

Eniac, o primeiro computador eletrônico. Estados Unidos, 1946.

Porém, evoluíram rapidamente, e hoje, no século XXI, é a computação ou informática que permite tecnologias como *smartphones*, *tablets* e outros aparelhos de comunicação.

ATIVIDADES

1 Complete as frases. Depois, encaixe as palavras no diagrama.

a) Meio de comunicação em que escrevemos para alguém e enviamos a mensagem pela internet: _____ .

b) Meio de comunicação que nossos antepassados utilizavam para se comunicar por escrito e enviavam pelo correio: _____ .

c) Meio de comunicação em que ouvimos um repórter dando notícias, mas não vemos imagens: _____ .

d) Meio de comunicação em que um escritor transmite suas ideias, narra uma história, desenvolve uma teoria etc. Antes era escrito à mão, mas depois passou a ser impresso: _____ .

2 Compare as duas fotos de uma pessoa falando ao telefone. Escreva o que mudou no aparelho.

Foto de 1950.   Foto de 2015.

_____
_____
_____

3 As comunicações individuais podem ser feitas por quais meios?
_____

4 E as comunicações coletivas, são feitas por quais meios?
_____

5 Destaque os adesivos do final deste livro e cole-os nos quadrinhos, do mais antigo para o mais recente.

84

EU GOSTO DE APRENDER

Recorde o que você estudou nesta lição.
- Comunicação é o contato entre duas ou mais pessoas para troca de ideias, informações etc.
- Existe comunicação individual, de uma pessoa para outra, por meio de carta, *e-mail*, telefone etc.
- Há também comunicação coletiva, para muitas pessoas, por meio de jornal, televisão, rádio, internet etc.
- As invenções que revolucionaram as comunicações foram a prensa, o telefone, o rádio, a televisão e a internet.

ATIVIDADES

1 Leia este texto e descubra o que o príncipe Dom João introduziu no Brasil no século XIX.

Quando a família real portuguesa veio morar no Brasil, em 1808, foi preciso introduzir aqui uma série de órgãos públicos, para que tudo funcionasse como em Portugal.

O príncipe Dom João, entre outras determinações, mandou criar, no Brasil, uma instituição que deveria fazer jornais, revistas, livros. Foi criada a Imprensa Régia.

Nesse lugar, muitas páginas eram produzidas rapidamente.

A produção dessas páginas era possível com o uso de uma máquina chamada prensa.

- Pesquise quem foi o inventor da prensa e de que maneira ela funcionava.

_____
_____
_____

2 Marque com um **X** a frase correta.

☐ Antes da invenção da prensa, todas as pessoas podiam ler livros, pois eram muito baratos.

☐ A prensa foi inventada assim que os seres humanos criaram a escrita.

☐ A invenção da prensa permitiu a existência de mais livros, por isso eles ficaram mais baratos.

☐ A invenção da prensa só aconteceu recentemente, há cerca de 50 anos.

3 Circule o nome de profissionais que trabalham com comunicação.

jardineiro   (jornalista)   professor   (escritor)   bancário   verdureiro   (telefonista)   vaqueiro   (blogueiro)   comerciante

4 Com base na resposta da atividade anterior, faça uma pesquisa e registre nas linhas a seguir o que cada profissional faz.

_____
_____
_____
_____
_____

EU GOSTO DE APRENDER MAIS

Muitas maneiras de se comunicar

Se estudarmos as maneiras como os seres humanos se comunicam, podemos descobrir muitas coisas.

Por exemplo: você já percebeu que podemos nos comunicar apenas com gestos? É a comunicação ou linguagem **gestual**.

Se usamos a fala, isto é, palavras e frases, nossa comunicação é **verbal**.

Se não usamos fala, mas preferimos símbolos, como placas, sinais e figuras, estamos usando a linguagem **não verbal**.

Outra coisa bem interessante: nosso corpo "fala" quando nos comunicamos, isto é, se movimenta, faz gestos, nosso rosto se modifica... Isso é chamado de linguagem **corporal**.

ATIVIDADES COMPLEMENTARES

1 Associe corretamente.

A Linguagem corporal.

B Linguagem gestual.

C Linguagem não verbal.

D Linguagem verbal.

☐ Pedro chamou Milena dizendo: "Venha cá!".

☐ Pedro respondeu batendo os pés no chão, como se estivesse furioso.

☐ Milena levantou o dedo indicador e balançou-o de um lado a outro.

☐ Gustavo andou até uma placa com o desenho de uma escada e desceu os degraus da escada.

2 Em alguns programas de televisão, uma pessoa fica em um canto da tela, apenas fazendo gestos.

a) Você sabe que tipo de linguagem ela está usando?

_____

b) Com quem essa pessoa está se comunicando?

_____

LEIA MAIS

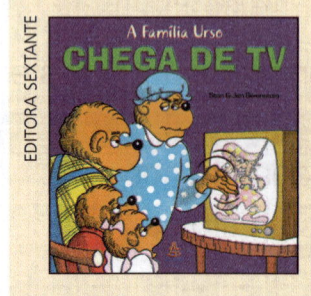

A família Urso: chega de TV

Stan Berenstain. São Paulo: Sextante, 2011.

Mamãe Ursa resolve dar um basta no hábito de Papai Urso e dos filhos Ursos de só ficarem assistindo à televisão.

LIÇÃO 7 — O MUNDO DOS TRANSPORTES

Você sabe o que é uma tirinha?

É um tipo de desenho de humor que também contém uma crítica a alguma coisa. A tirinha, ao mesmo tempo que nos faz rir, nos faz refletir sobre a realidade.

Observe esta tirinha de um **cartunista** brasileiro chamado Jean Galvão.

VOCABULÁRIO

cartunista: desenhista de cartuns, tirinhas e quadrinhos.

Jean Galvão. Disponível em: http://jeangalvao.blogspot.com.br/. Acesso em: 10 fev. 2022.

- Sublinhe o que for verdadeiro sobre a tirinha.

a) O personagem do primeiro quadrinho nem notou o que aconteceu no seu carro.

b) No segundo quadrinho, vemos que uma das crianças resolveu andar a pé.

c) O personagem do primeiro quadrinho ficou surpreso porque o volante do carro foi substituído por um guidão de bicicleta.

d) Uma das crianças do segundo quadrinho trocou o guidão da bicicleta pelo volante do carro do pai.

- Na tirinha, aparecem referências a dois meios de transporte. Quais são eles? Responda oralmente.

O que são transportes?

Transportes são os meios que utilizamos para nos deslocar de um lugar a outro. Os transportes também são usados para levar mercadorias de um local a outro.

Usamos transportes quando as distâncias são muito grandes para ir a pé.

Podemos usar diversos meios de transporte para ir à escola, trabalhar, ir de uma cidade a outra, de um país a outro e até mesmo da Terra para o espaço.

Transportes públicos e transportes privados

Quando utilizamos um meio de transporte oferecido pela administração da cidade ou do estado, esse transporte é público.

Normalmente, o uso desse transporte é pago. Por exemplo: ônibus, trem, metrô, balsa.

Quando usamos o próprio meio de transporte, esse transporte é particular ou privado. Por exemplo: bicicleta, automóvel, canoa, barco a motor, cavalo, carroça, charrete.

Atualmente, um grande número de pessoas utiliza o automóvel para se locomover.

Apesar de ser um meio de transporte confortável, o uso do automóvel tem trazido vários problemas tanto nas cidades como nas estradas.

Há congestionamentos de trânsito e as pessoas perdem bastante tempo se deslocando de um local a outro.

Além disso, muitos automóveis provocam poluição, piorando a qualidade do ar.

As cidades buscam soluções para os transportes

Uma solução encontrada em algumas cidades brasileiras é a criação de ciclovias, isto é, pistas para bicicletas. As pessoas, assim, podem usar mais a bicicleta, que não polui nem provoca congestionamentos, para ir aos lugares de trabalho e de lazer.

Outra solução é aumentar a oferta de transportes públicos e melhorar sua qualidade. Se existirem ônibus, metrôs e trens bons e confortáveis, que conseguem transportar a maioria dos passageiros, o número de automóveis nas ruas pode diminuir.

As ciclovias são pistas exclusivas para os ciclistas se deslocarem com segurança. São Paulo, 2019.

As faixas exclusivas favorecem o transporte público, pois permitem a circulação mais rápida dos ônibus. Curitiba, Paraná, década de 2010.

Transporte de pessoas e de mercadorias

As pessoas precisam se locomover, mas também têm a necessidade de enviar produtos de um lugar para outro.

Há meios de transporte que são importantes para o desenvolvimento de um país, pois levam as mercadorias das fábricas, fazendas, minas e demais empresas para vários locais.

Os produtos podem ser transportados por trens, caminhões, navios, aviões etc.

Trem de carga em Morretes (PR), 2019.

Caminhões em estrada de Minas Gerais, 2020.

Cargas no Porto de Santos (SP), 2021.

Cargas no aeroporto de Viracopos, em Campinas (SP), 2021.

ATIVIDADES

1 Escreva uma definição de "transporte".

_____
_____
_____
_____
_____

2 Escreva nos quadrinhos:

- **M**, se o transporte for de mercadorias;
- **P**, se o transporte for de pessoas;
- **MP**, se o transporte servir tanto para mercadorias como para pessoas.

3 Escreva o nome dos transportes mostrados na atividade 2, separando-os em duas colunas: privados e públicos.

Privados	Públicos

4 Circule os problemas que o automóvel pode causar:

trânsito livre

poluição

trânsito congestionado

facilidade para irmos de um lugar a outro

5 Em uma roda de conversa, discutam como os problemas causados pelo uso do automóvel podem ser solucionados.

Transportes do passado no mundo

No século em que vivemos, o XXI, há transportes dos mais variados tipos. Mas nem sempre foi assim.

Os seres humanos passaram centenas e centenas de anos usando meios de transporte mais simples, como carroças puxadas por cavalos ou por bois, charretes, barcos movidos a remo, entre outros.

A primeira grande revolução nos transportes aconteceu quando os seres humanos inventaram a roda, que facilitou o deslocamento em um terreno. Sua invenção é tão importante que é impossível imaginarmos o mundo sem ela.

Pintura antiga mostrando o transporte de um rei, soldados e outras pessoas em barcos.

Painel decorado com a imagem de uma carroça, no tempo dos antigos romanos. Sem a invenção da roda esse transporte não existiria.

A roda foi inventada há cerca de 6 mil anos – isso é muito tempo –, possivelmente na Mesopotâmia, uma região na Ásia. Essa invenção mudou o mundo, porque melhorou a forma de se locomover de um lugar para outro, tornando o comércio e a comunicação entre os povos mais rápidos e fáceis.

Transportes do passado no Brasil

No Brasil, durante 200 anos, o transporte de cargas era feito apenas em lombo de cavalos e mulas ou em carroças puxadas por bois.

Nas vilas e cidades usava-se um tipo de carruagem que podia ser puxada por cavalos, mas também havia um tipo de cadeira conduzida por pessoas escravizadas, para transportar os mais ricos.

Esse transporte era chamado "cadeirinha" ou "liteira".

Carro de bois (1638), de Frans Post. Óleo sobre tela, 61 cm × 88 cm.

O transporte de cargas em lombo de cavalos e mulas era feito pelos tropeiros, como na aquarela *Tropeiro de Minas com sua tropa* (1817), de Maximiliano de Wied-Neuwied.

Dama em liteira (1776), de Carlos Julião. Aquarela.

Atualmente, a maior parte dos produtos no Brasil é transportada em caminhões, navios e aviões.

ATIVIDADES

1 Circule o nome de uma invenção que provocou uma revolução nos transportes.

> carroça   automóvel   trilhos de trem
> navio   (roda)   bicicleta

2 Se você morasse em uma vila brasileira, há 400 anos, e precisasse ir para outra localidade, como faria para se deslocar?

_____
_____
_____
_____

3 Volte para a abertura desta lição e releia o que é tirinha. Depois, no caderno, desenhe uma tirinha sobre meios de transporte.

4 Como é transportada a maior parte dos produtos no Brasil?

☐ Caminhões.   ☐ Aviões.   ☐ Trem.

☐ Navios.   ☐ Bicicleta.   ☐ Balsa.

LEIA MAIS

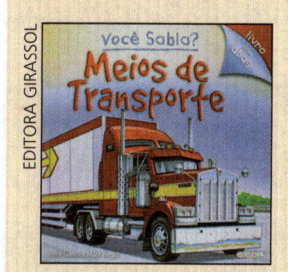

Meios de transporte

Anita Ganeri e Mark Bergin. São Paulo: Girassol, 2010.

O livro apresenta características e curiosidades sobre diversos meios de transporte.

EU GOSTO DE APRENDER

Leia o que você estudou nesta lição.
- Transporte é o meio que utilizamos para nos deslocar por grandes distâncias.
- Há transportes públicos e transportes privados.
- Existem transportes de pessoas e de mercadorias.
- No passado, usavam-se transportes como carros de boi e lombo de mulas e cavalos.

ATIVIDADES

1 Escreva **A** para os transportes atuais e **P** para os transportes do passado. Escreva **AP** para transportes do passado que permanecem atuais.

☐ Carro de boi.   ☐ Carroça.

☐ Avião supersônico.   ☐ Navio de cruzeiro.

☐ Carruagem.   ☐ Lombo de mula.

☐ Liteira.   ☐ Metrô.

☐ Trem.   ☐ Caminhão.

2 Escolha o meio de transporte que você usaria para:

a) ir de sua cidade até outra cidade próxima: _____.

b) ir à escola: _____.

c) ir do Brasil a um país da Europa: _____.

d) ir de sua casa até a casa de seu vizinho: _____.

3 Faça no caderno. Desenhe ou procure em revistas e recorte:
- um transporte de mercadorias;
- um transporte de pessoas;
- um transporte público;
- um transporte privado.

4 Entreviste os adultos de sua casa. Pergunte a eles:

a) Você costuma usar transporte público? Qual?

_____
_____

b) Você já viajou de avião ou de navio? Para onde foi? Se não viajou, gostaria de viajar nesses transportes? Para onde iria?

_____
_____
_____

c) Você já andou de trem? Quando? Para onde foi?

_____
_____
_____

- Registre as respostas e conte para o professor e os colegas as respostas de seus familiares.

d) Registre o nome do transporte mais usado pelos familiares de sua turma.

_____

EU GOSTO DE APRENDER MAIS

Grandes invenções nos transportes

Além da roda, outras invenções trouxeram uma verdadeira revolução na maneira de as pessoas se locomoverem.

Nos transportes marítimos, a grande novidade aconteceu no século XV, quando os portugueses inventaram uma embarcação pequena, movida pelo vento: a caravela!

Esses navios eram rápidos e eficientes e foram utilizados pela esquadra de Pedro Álvares Cabral. As caravelas substituíram os barcos pesados e muitas vezes ainda movidos a remos, de épocas anteriores.

Outra invenção notável foi o uso do vapor para mover trens e barcos.

Os barcos a vapor, assim como os trens, as chamadas "marias-fumaça", tornaram-se os principais meios de transporte no século XIX.

No século XX, os seres humanos finalmente realizaram um velho sonho: voar! Foi inventado o avião, que permitiu vencer enormes distâncias pelo céu.

O inventor do avião foi um brasileiro, chamado Santos Dumont. Foi ele quem, pela primeira vez, conduziu pelos ares um veículo que conseguiu decolar pelos próprios meios, na cidade de Paris, na França, em 1906.

Pintura de uma caravela.

Trem conhecido por "maria-fumaça".

O avião de Santos Dumont, chamado *14 Bis*.

ATIVIDADES COMPLEMENTARES

1 Quais são as invenções que revolucionaram os transportes?

_____

_____

2 Agora, é sua vez! Solte a criatividade e imagine um veículo revolucionário, que ainda não existe.

- Desenhe-o e escreva um nome para ele.

LIÇÃO 8
DATAS COMEMORATIVAS

Dia do Indígena

Quando os portugueses chegaram ao Brasil, em 1500, encontraram nessas terras milhões de pessoas nativas, que estavam organizadas em vários povos, cada qual com seus costumes e sua cultura.

Os indígenas que habitavam o Brasil viviam da caça, da pesca, da agricultura de milho, feijão, abóbora, amendoim, batata-doce e, principalmente, de mandioca. Com a chegada dos portugueses, suas terras foram tomadas e eles passaram a ser escravizados para trabalhar no cultivo da cana-de-açúcar.

Atualmente, de acordo com o censo realizado pelo Instituto Brasileiro de Geografia e Estatística (IBGE), a população indígena brasileira é de 896 917 pessoas, que vivem mais nas áreas rurais do que nas urbanas. Os estados com maior concentração de indígenas são Amazonas, Pernambuco, Bahia e Mato Grosso do Sul.

Para homenagear esses povos e valorizar sua cultura, comemora-se, no dia 19 de abril, o Dia do Indígena.

Indígenas do povo Munduruku, do Pará, em manifestação na cidade de Brasília (DF), em 2013.

> É muito importante que a população indígena brasileira seja respeitada. Por isso, a cultura de cada povo deve ser transmitida para as gerações futuras, tanto por meio das escolas como dos mais velhos.

ATIVIDADE

1 Observe os mapas abaixo e responda às questões.

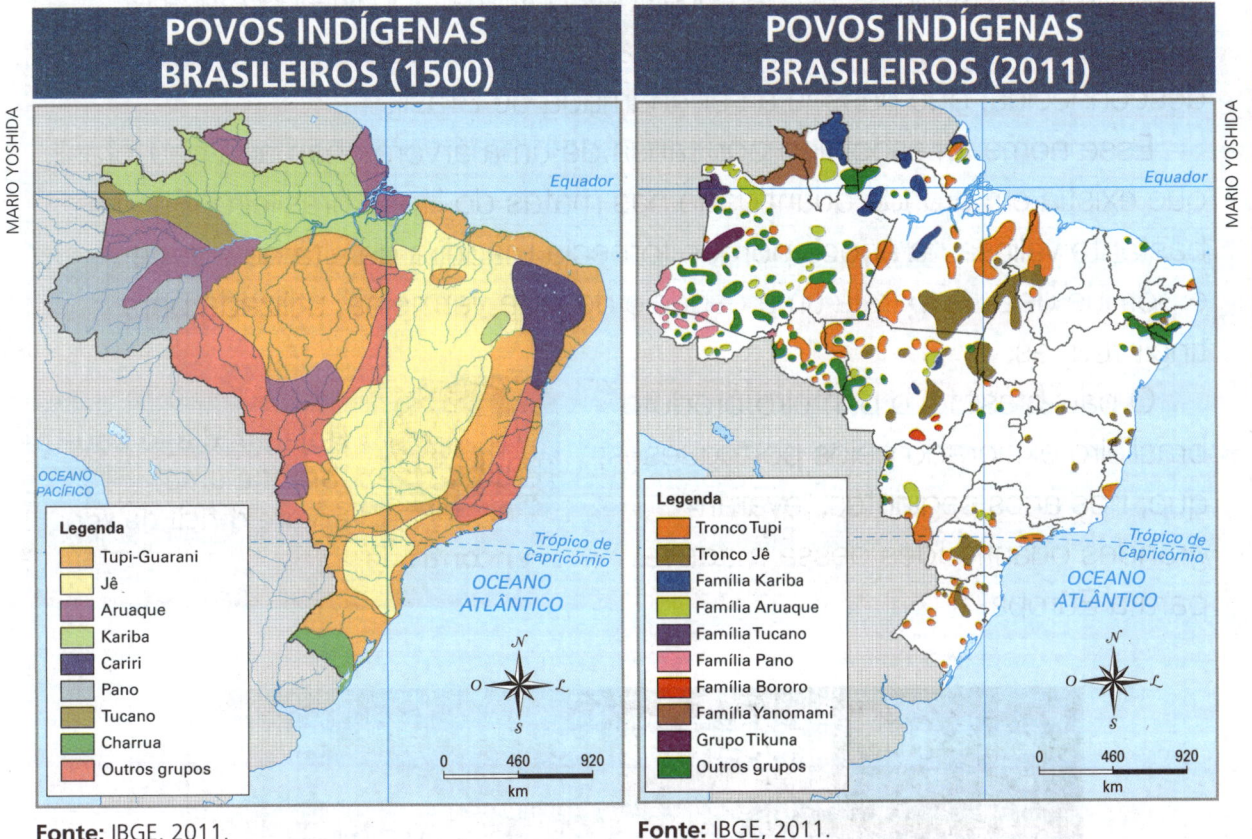

POVOS INDÍGENAS BRASILEIROS (1500)

Legenda:
- Tupi-Guarani
- Jê
- Aruaque
- Kariba
- Cariri
- Pano
- Tucano
- Charrua
- Outros grupos

Fonte: IBGE, 2011.

POVOS INDÍGENAS BRASILEIROS (2011)

Legenda:
- Tronco Tupi
- Tronco Jê
- Família Kariba
- Família Aruaque
- Família Tucano
- Família Pano
- Família Bororo
- Família Yanomami
- Grupo Tikuna
- Outros grupos

Fonte: IBGE, 2011.

a) Ao comparar o território que os povos indígenas ocupavam em 1500 com o que ocupavam em 2011, o que se pode concluir?

_____

_____

b) Em 1500, quais grupos indígenas viviam no estado onde você mora?

_____

c) Atualmente, existe algum povo indígena vivendo no estado onde você mora? Em caso afirmativo, escreva o nome desse povo.

_____

Dia da chegada dos portugueses ao Brasil

Em 1500, uma esquadra de treze caravelas comandada por Pedro Álvares Cabral saiu de Portugal, na Europa, com o objetivo de chegar às Índias.

O grupo desviou-se do percurso de contornar a costa da África e atravessou o Oceano Atlântico, chegando, no dia 22 de abril, a uma terra desconhecida, que passou a ser chamada de Brasil.

Esse nome foi escolhido por causa de uma árvore chamada pau-brasil, que existia em grande quantidade nas matas do litoral brasileiro. Ela era bastante valiosa na época porque fornecia madeira de alta qualidade e porque dela se extraía uma espécie de tinta vermelha, utilizada para tingir roupas.

O pau-brasil foi o primeiro produto brasileiro explorado pelos portugueses, que, nos anos seguintes, levaram grandes quantidades dessa madeira para a Europa.

Hoje em dia, o pau-brasil é uma árvore difícil de ser encontrada.

Observe que os portugueses aparecem ao fundo na obra *O desembarque dos portugueses no Brasil ao ser descoberto por Pedro Álvares Cabral* (1890), de Alfredo Roque Gameiro.

ATIVIDADES

1 Navegue com Cabral!

A esquadra de Pedro Álvares Cabral fez uma longa viagem marítima até chegar ao Brasil. Foram mais de quarenta dias viajando. Ajude as embarcações que saíram de Portugal a chegar ao litoral brasileiro e, depois, a seguir para a África.

2 Observe novamente, na página anterior, a obra de arte que representa a chegada dos portugueses ao Brasil.

a) Como os portugueses foram representados?

_____

_____

b) Como os indígenas foram representados?

_____

_____

Dia do Trabalhador

O Dia do Trabalhador foi criado para homenagear todos os trabalhadores. Essa data é comemorada no dia 1º de maio.

Existem muitas profissões diferentes e cada trabalho é importante para a sociedade. Todos são dignos e devem ser respeitados.

Ao trabalhar, os seres humanos constroem as sociedades, realizam-se como profissionais e conhecem muitas pessoas.

Mulheres em linha de produção de chocolates em São Paulo (SP). Foto de 2012.

ATIVIDADES

1 Onde estão os trabalhadores? Vá até o fim do livro e cole os adesivos nos quadrinhos, de acordo com as legendas.

O sapateiro conserta sapatos.

A professora ensina os alunos.

O padeiro faz pães, bolos e doces.

A médica cuida da saúde dos pacientes.

O carteiro entrega cartas.

O jardineiro cuida do jardim.

2 Descubra as profissões correspondentes às indicações a seguir e complete o diagrama.

A Cuida dos dentes.

B Ensina a ler e a escrever.

C Constrói casas e prédios.

D Cuida da saúde dos animais.

E Dirige carros ou ônibus.

F Cuida da saúde humana.

3 Complete a linha pontilhada e descubra a profissão representada.

OLÁ, MEU NOME É LEONARDO E EU TRABALHO COMO _____.

JOSÉ LUÍS JUHAS

107

EU GOSTO DE APRENDER

Leia o que você aprendeu nesta lição.

- Para homenagear e valorizar a cultura dos povos indígenas brasileiros, comemoramos, no dia 19 de abril, o Dia do Indígena.
- Em 22 de abril de 1500, os portugueses chegaram pela primeira vez ao Brasil. Esta data é comemorada em todo o país.
- Para reconhecer a importância do trabalho, comemoramos, no dia 1º de maio, o Dia do Trabalhador.

ATIVIDADES

1 Muitas palavras utilizadas no cotidiano dos brasileiros são de origem indígena. Vá até o fim do livro e cole os adesivos nos quadrinhos, de acordo com as legendas.

Fruta cheirosa.	Grão de milho que estoura com o calor.
Embarcação a remo, esculpida no tronco de uma árvore.	Palmeira fina e alta, típica da Mata Atlântica.

2 Responda com uma só palavra a algumas curiosidades sobre os indígenas.

a) Raiz para comer: _____.

b) Língua falada: _____.

c) Instrumento de caça: _____.

d) Meio de transporte: _____.

3 Observe a foto abaixo e responda às questões.

Mulheres trabalham com datilografia, Reino Unido, Inglaterra, 1955.

a) Que profissão está representada na foto?

_____

b) Esse trabalho existe atualmente?

_____

c) Qual profissional substituiu o representado na foto?

_____

d) Que equipamento ele usa agora em seu trabalho?

_____

4 Você costuma pensar na profissão em que gostaria de trabalhar quando for adulto?

- Sente-se com um colega e conversem sobre isso.
- Conte-lhe o que deseja ser e por quê.
- Escute qual é o desejo dele.

EU GOSTO DE APRENDER MAIS

Bumba meu boi, mais de 300 anos de história

O folclore é uma forma de manifestação cultural presente em todos os povos. No Brasil, recebeu influências dos povos que aqui já habitavam, como os indígenas, e dos que chegaram depois, como os povos africanos escravizados e os colonizadores portugueses.

O bumba meu boi (ou boi-bumbá) é uma lenda do folclore brasileiro que tem personagens humanos e animais e conta a história da morte e da ressurreição de um boi.

A lenda que origina a festa do bumba meu boi mistura comédia, drama e tragédia e existem algumas variações. Uma das mais comuns conta a história do desejo de comer língua de boi de mãe Catirina. Seu marido, pai Francisco, escravizado por um fazendeiro, com medo de que sua mulher perdesse o filho ou que ele nascesse com cara da língua do boi por causa do desejo não satisfeito, mata o boi de seu senhor para fazer o prato que mãe Catirina tanto desejava.

Quando o senhor percebe que seu boi havia desaparecido, ordena que um de seus vaqueiros investigue o sumiço do animal. Tão logo o vaqueiro descobre o que havia acontecido com o boi, conta ao seu senhor. O fazendeiro então sai à procura de pai Francisco com o objetivo de prendê-lo.

Com medo da fúria do fazendeiro, pai Francisco procura um pajé para que ressuscite o animal. No fim, tudo termina bem: o pajé ressuscita o boi; o fazendeiro, sabendo da boa intenção de pai Francisco, o perdoa; e todos celebram a ressurreição do boi com uma grande festa.

No Maranhão, as festividades ocorrem em junho e começa com o batizado do boi no Dia de São João. Em algumas regiões, ocorre em épocas diferentes. No Amazonas, deu origem ao boi-bumbá da cidade de Parintins, festividade em que brincam dois bois, o Garantido e o Caprichoso, e acontece um espetáculo comparado ao desfile das escolas de samba no Carnaval. Realizada desde 1965, a apresentação acontece a céu aberto e o momento mais importante é a disputa entre os dois bois folclóricos, o Boi Caprichoso, de cor azul, e o Boi Garantido, de cor vermelha. O Festival Folclórico de Parintins dura três noites, com encenações que misturam dança, música e teatro.

Apresentação do Boi Garantido no Festival Folclórico de Parintins (AM), 2016.

A festa e os personagens

O **boi** é o personagem principal da festa. O brincante que usa essa fantasia precisa ter muita agilidade para imitar os movimentos de um boi de verdade, fazendo as movimentações, as coreografias e as evoluções do personagem. A fantasia do boi é feita em veludo e bordada com aplicações de miçangas e paetês.

O **senhor** é a pessoa que organiza a festa. Sua roupa é muito rica, e ele usa um apito para coordenar a dança e a encenação.

O **pai Francisco** tradicionalmente é um escravizado, mas em algumas versões da história pode ser um vaqueiro.

Caracterização do boi e da personagem da índia durante a festa do bumba meu boi no Maranhão, 2018.

A **mãe Catirina** usa um figurino de dona de casa e pode ser representada por uma mulher ou por um homem vestido de mulher. Mas sempre tem um barrigão de grávida.

Os **índios** e as **índias** usam figurinos com muitas penas no peito, nos braços e nas pernas.

Além desses personagens, há outros, como os **caboclos de fita**, que são brincantes com chapéus de fitas coloridas, e os **caboclos de pena**, personagens cobertos de pena e com um grande chapéu também feito de penas.

Os brincantes, adultos e crianças, dançam ao som de uma toada que narra a história do boi, acompanhada por instrumentos de percussão, sendo obrigatória a batida das matracas – instrumentos feitos com dois pedaços de madeira e ferro que, ao serem percutidos um com o outro, dão um som inconfundível.

Detalhe da caracterização dos brincantes no Festival de Parintins (AM).

Bumba meu boi

Jackson do Pandeiro

Tu precisa ir pro Norte
Ver Bumba meu Boi Bumbá (2x)

Ê bum bum Bumba meu Boi
Ê Bumba meu Boi Bumbá
(Ê bum bum bum Bumba meu boi
Ê Bumba meu Boi Bumbá)

Tu precisa ver a dança
Do reisado imperiá

Ê bum bum Bumba meu Boi
Ê Bumba meu Boi Bumbá
(Ê bum bum bum Bumba meu boi
Ê Bumba meu Boi Bumbá)

No dia desse festejo
Vai toda gente pra rua

Ê bum bum Bumba meu Boi
Ê Bumba meu Boi Bumbá
(Ê bum bum bum Bumba meu boi
Ê Bumba meu Boi Bumbá)

Todo mundo qué espiá
A dança do Boi Bumbá!

Ê bum bum bum Bumba meu Boi...

Jackson do Pandeiro. Bumba meu boi. Disponível em: https://www.letras.mus.br/jackson-do-pandeiro/1622356/. Acesso em: 10 fev. 2022.

Figura do boi na festividade do Bumba meu boi.

ATIVIDADES

1 Assinale com **X** a frase que define folclore de modo correto.

☐ Folclore é o conjunto de fatos históricos de um país.

☐ Folclore é uma forma de manifestação cultural presente em todos os povos.

2 No Brasil, o folclore recebeu influência de quais povos?

☐ Africanos. ☐ Portugueses.

☐ Indígenas. ☐ Ingleses.

3 Que história é contada na lenda do Bumba meu boi ou boi-bumbá?

_____

_____

4 Qual é o nome do famoso festival em que acontece a disputa entre dois bois, o Boi Caprichoso, de cor azul, e o Boi Garantido, de cor vermelha?

☐ Festival Folclórico de Parintins. ☐ Festa do Divino.

☐ Carnaval. ☐ Cavalhadas de Pirenópolis.

5 Pesquise as festividades citadas na questão anterior.

_____

_____

Coleção Eu gosto m@is

GEOGRAFIA

CÉLIA PASSOS
Cursou Pedagogia na Faculdade de Ciências Humanas de Olinda – PE, com licenciaturas em Educação Especial e Orientação Educacional. Professora do Ensino Fundamental e Médio (Magistério) e coordenadora escolar de 1978 a 1990.

ZENEIDE SILVA
Cursou Pedagogia na Universidade Católica de Pernambuco, com licenciatura em Supervisão Escolar. Pós-graduada em Literatura Infantil. Mestra em Formação de Educador pela Universidade Isla, Vila de Nova Gaia, Portugal. Assessora Pedagógica, professora do Ensino Fundamental e supervisora escolar desde 1986.

5ª edição
São Paulo
2022

3º ANO
ENSINO FUNDAMENTAL

IBEP

SUMÁRIO

LIÇÃO		PÁGINA

1 **A vida em comunidade** **118**
- As comunidades 119
- Diferentes tipos de comunidades 121
- Ser cidadão 122

2 **A vida nos bairros** **129**
- Os bairros nos espaços urbanos 130
- Os bairros nos espaços rurais................... 130

3 **Os trabalhadores urbanos e rurais** **135**
- O trabalhador urbano 135
- O trabalho na indústria 136
- O trabalho no comércio......................... 137
- O trabalho no setor de serviços 138
- O trabalhador rural............................... 141

4 **Campo e cidade se completam**..................... **152**
- Êxodo rural 154

LIÇÃO		PÁGINA
5	**Elementos da paisagem: a água**	**163**
	• A água salgada	165
	• A água doce	166
6	**Elementos da paisagem: plantas e animais**	**177**
	• Os animais e a paisagem	178
	• As plantas e a paisagem	180
7	**Elementos da paisagem: relevo**	**187**
	• Relevo natural	188
	• Relevo modificado	189
	• Formas de representação da paisagem	194
	• Os seres humanos se beneficiam com o relevo	200
8	**Interferência humana na paisagem**	**203**
	• As relações entre os seres humanos e os elementos da paisagem	205
	• Os tipos de extrativismo	208
	• Fontes de energia	208
	• As crianças souberam primeiro que havia petróleo no Brasil!	214

LIÇÃO 1 — A VIDA EM COMUNIDADE

Observe a imagem a seguir.

Comunidade participa de festa na rua. Florianópolis (SC), 2022.

Todos nós gostamos de estar na companhia de amigos e familiares porque juntos podemos brincar, conversar e nos divertir. Quando nos reunimos com outras pessoas, formamos um grupo, que compartilha interesses e aspectos culturais comuns.

Esses grupos de pessoas, ao se organizarem em um mesmo local, criam vínculos e regras de convivência. Assim se forma uma **comunidade**.

Em uma comunidade, todos precisam:
- respeitar uns aos outros;
- colaborar uns com os outros;
- respeitar as regras decididas pelo grupo;
- exigir seus direitos e cumprir seus deveres.

As comunidades

Grupos diferentes podem formar uma comunidade:
- a família;
- os alunos e os funcionários de uma escola;
- as pessoas que frequentam uma igreja;
- os moradores de uma rua, de um bairro ou de uma cidade.

Você já pensou de quantas comunidades faz parte?

A comunidade familiar

A família é uma pequena comunidade.

Geralmente, é o primeiro grupo do qual fazemos parte.

Uma comunidade familiar pode ser formada, por exemplo, pelos pais e pelos filhos, por apenas um dos pais e seus filhos, por avós e netos, por tios e sobrinhos, entre outras possibilidades. As crianças que vivem em orfanatos formam uma comunidade com o grupo de crianças e de adultos com os quais convivem.

No dia a dia da família, todos devem colaborar e dividir o trabalho da casa participando das atividades familiares. Tratar a comunidade familiar com paciência e atenção é outra forma de contribuir para que todos se sintam bem.

Família chefiada por avó durante refeição. Planaltina (GO), 2021.

A comunidade escolar

Existe outra comunidade da qual você certamente faz parte: a escolar.

Assim como na nossa família, precisamos respeitar as pessoas e as regras da nossa comunidade escolar para que também tenhamos nossos direitos respeitados.

Tanto os funcionários como os alunos de uma escola têm direitos e deveres. É importante que cada um conheça seus direitos e cumpra seus deveres.

Sala de aula em escola municipal. Feira de Santana (BA), 2019.

IMAGENS: SHUTTERSTOCK

ATIVIDADES

1 Use as informações obtidas nesta lição para responder às perguntas a seguir.

a) Descreva o que é uma comunidade.

_____

_____

b) Como as pessoas de uma comunidade devem viver?

_____

_____

2 Leia e sublinhe a afirmativa correta de cada pergunta.

a) Comunidade é um grupo de pessoas que se organizam e criam regras de convivência.

b) Para viver em uma comunidade não é necessário criar leis, basta só respeitar as pessoas.

c) Devemos respeitar todas as pessoas e colaborar uns com os outros.

d) Comunidade só pode ser um grupo de cinco pessoas da mesma idade.

3 Marque um **X** nas frases que mostram regras importantes para que todos em nossa comunidade familiar se sintam bem.

☐ Dividir o trabalho da casa, participando das atividades familiares.

☐ Não respeitar os pais ou os avós.

☐ Tratar as pessoas da família sem paciência.

☐ Dar atenção às pessoas da comunidade familiar.

4 Que tal conhecer melhor as pessoas da comunidade de sua escola? Escreva:

a) o nome do diretor ou da diretora: _____

b) o nome de seu professor ou de sua professora: _____

c) o nome de outros funcionários da escola: _____

_____

d) o nome de alguns colegas de turma: _____

_____

Diferentes tipos de comunidades

Observe as fotos a seguir.

Pescadores se unem para ajudar a puxar barco de pesca do mar. Florianópolis (SC).

Indígenas do povo Kamayura tocam flauta sagrada. Parque do Xingu (MT).

Quilombolas durante festa em comemoração ao Dia da Consciência Negra. Araruama (RJ).

Crianças reunidas para foto do time de futebol. Rio de Janeiro (RJ).

O que há em comum nas imagens apresentadas anteriormente?

Todos estão no grupo de pessoas com as quais convivem. O que os torna membros de uma comunidade são os vínculos afetivos, socioeconômicos e culturais comuns nos lugares onde vivem, estudam e trabalham.

Os interesses comuns e a aceitação das regras de convivência caracterizam uma comunidade e identificam seus membros. Nas atividades que desenvolvem, nos hábitos alimentares, no idioma que falam e nas tradições que preservam, podemos identificar as marcas de cada comunidade, como os pescadores que ajudam uns aos outros a recolher o barco de pesca do mar, os indígenas Kamayura que se reúnem para tocar o instrumento sagrado, as mulheres que se juntam para a celebração e os meninos que fazem pose para registrar o convívio no jogo do futebol.

Ser cidadão

Para conviver em comunidade, as pessoas precisam exercer direitos e deveres. Respeitar o direito das outras pessoas e cumprir com os deveres são atitudes de cidadão.

Todo cidadão tem direito:
- ao trabalho;
- a estudar em uma escola qualificada;
- à alimentação diária;
- a uma moradia digna;
- ao divertimento, à cultura e ao lazer.

É dever de todo cidadão:
- respeitar as normas da empresa onde trabalha;
- respeitar as leis do país;
- zelar pelos bens públicos;
- respeitar as outras pessoas, sem impor regras.

Apresentação de circo para comunidade em Londrina (PR), 2021.

Ação voluntária para doação de comida durante a pandemia de Covid-19. São Paulo (SP), 2020.

Os direitos e os deveres dos cidadãos estão registrados em vários documentos. Conheça um deles a seguir.

Convenção sobre os Direitos da Criança

1. Todas as pessoas com menos de 18 anos têm todos os direitos inscritos na Convenção sobre os Direitos das Crianças.

2. Toda criança tem direitos iguais, seja qual for sua raça, sexo, língua ou religião, independentemente de onde nasceu, se tem alguma deficiência ou se é rica ou pobre.

3. O adulto responsável pela criança deverá fazer sempre o melhor por ela.

4. Os estados adotarão todas as medidas administrativas, legislativas e de outra natureza para a implantação dos direitos reconhecidos na Convenção.

5. Os estados respeitarão as responsabilidades, os direitos e os deveres dos pais, ou, se for o caso, membros da família ou da comunidade, de proporcionar à criança instrução e orientação adequadas.

6. Toda criança tem direito à vida.

7. A criança tem direito a um nome a ser registrado, a uma nacionalidade e o direito de conhecer e ser educado pelos pais.

8. Sua identidade será respeitada e preservada pelo Estado.

9. A criança não deve ser separada de seus pais, a não ser que seja para seu próprio bem.

10. Se a criança e os pais viverem em países diferentes, ela tem o direito de ir viver junto deles.

ONU. Convenção sobre os Direitos da Criança. Disponível em: https://www.unicef.org/brazil/convencao-sobre-os-direitos-da-crianca. Acesso em: 31 jul. 2022.

Direitos e deveres da escola

Na escola, os funcionários têm os seguintes direitos:
- serem respeitados;
- trabalharem em um ambiente limpo e seguro;
- receberem o material necessário para o seu trabalho;
- receberem um salário justo.

Toda comunidade tem seus direitos e deveres, mesmo que não estejam escritos.

Por outro lado, os funcionários devem cumprir seus deveres:
- respeitarem os alunos e os demais funcionários;
- conhecerem bem o seu trabalho;
- cooperarem para o bom funcionamento da escola;
- serem responsáveis pelo trabalho. Serem pontuais e não faltarem sem um motivo justo.

Direitos e deveres dos alunos

Os alunos de uma escola devem conhecer seus direitos e deveres.

É **direito** do aluno:
- ser respeitado;
- ter segurança;
- receber ensino e educação de qualidade;
- ter professores competentes;
- dar opiniões;
- ter um lugar na sala de aula;
- ter um local para brincar;
- ter uma escola limpa e agradável.

É **dever** do aluno:
- respeitar e tratar bem os colegas e os funcionários que trabalham na escola;
- estudar e fazer as lições;
- cuidar do material escolar;
- ir à escola todos os dias;
- ser pontual;
- zelar pela limpeza e pela conservação da escola.

ATIVIDADES

1 Releia o trecho da Convenção sobre os Direitos da Criança. Escreva dois direitos garantidos às crianças por esse documento.

_____

_____

_____

2 Identifique as situações representadas nas imagens indicando **DE** para cumprimento de deveres e **DI** para direitos garantidos.

3 Como você contribui para a boa convivência em sua comunidade escolar?

_____

_____

_____

4 Algumas atitudes melhoram o convívio na comunidade. Leia as mensagens dos quadros e faça um desenho para representar cada uma.

> **Não economize sorrisos. Sorria sempre!**

> **Seja educado. Desejar "bom-dia!" e "boa-tarde!" não custa nada e faz muito bem.**

5 Além da família e da escola, você convive em outra comunidade? O que a caracteriza?

_____

_____

6 Alguém da sua família participa de outras comunidades? Escreva quais são as características delas.

_____

_____

EU GOSTO DE APRENDER

Nesta lição, você estudou:

- Vivemos em comunidade, seja na família, na escola, na rua, no bairro ou até na cidade.
- A família é, em geral, o primeiro grupo no qual convivemos.
- A escola é outro exemplo de comunidade.
- As comunidades possuem características relacionadas às atividades que desenvolvem, aos seus hábitos alimentares, às tradições etc.
- Os membros de uma comunidade se identificam uns com os outros.
- Existem regras para a vida em comunidade
- Para viver em comunidade, as pessoas exercem direitos e deveres.

ATIVIDADES

Observe a pintura a seguir.

Festa junina, 2004, de San Bertini. Óleo sobre tela, 50 cm × 70 cm.

1. A pintura mostra uma comunidade?

2. Você reconhece o que está representado na pintura?

EU GOSTO DE APRENDER MAIS

Incra reconhece terras de comunidades quilombolas em quatro estados

[...]

As comunidades quilombolas são grupos étnicos, predominantemente constituídos de população negra rural ou urbana, descendentes de ex-escravizados, que se autodefinem a partir das relações específicas com a terra, o parentesco, o território, a ancestralidade, as tradições e práticas culturais próprias. Segundo o Incra, estima-se que em todo o país existam mais de 3 mil comunidades quilombolas.

As terras ocupadas por remanescentes das comunidades dos quilombos são utilizadas para a garantia de sua reprodução física, social, econômica e cultural. Para o Incra, como parte de uma reparação histórica, a política de regularização fundiária de territórios quilombolas é de suma importância para a dignidade e garantia da continuidade desses grupos étnicos.

[...]

Andreia Verdélio. Incra reconhece terras de comunidades quilombolas em quatro estados. *Agência Brasil*, 10 ago. 2017. Disponível em: http://agenciabrasil.ebc.com.br/direitos-humanos/noticia/2017-08/incra-reconhece-terras-de-comunidades-quilombolas-em-quatro-estados. Acesso em: 30 jul. 2022.

ATIVIDADE COMPLEMENTAR

No Brasil existem muitas outras comunidades além dos quilombolas – que você estudou nesta lição –, como os seringueiros da Região Norte, as diversas etnias de povos indígenas, os catadores de caranguejos dos manguezais e os descendentes de imigrantes japoneses. Selecione uma comunidade e faça uma pesquisa sobre suas características.

LIÇÃO 2 — A VIDA NOS BAIRROS

Há pessoas que vivem em espaços urbanos, as cidades. Outras moram em espaços rurais, os campos. Cada espaço tem características próprias.

Nas cidades, as pessoas geralmente moram em casas e apartamentos localizados em ruas, avenidas e praças. Essas pessoas podem trabalhar em lojas, bancos, hospitais, escolas, fábricas etc.

No campo, predominam casas, sítios e fazendas, espaços de grandes áreas verdes. Muitas pessoas vivem da plantação de alimentos e da criação de animais.

No Brasil, também é comum a existência de espaços com características urbanas e rurais. Cada espaço costuma ser dividido em áreas menores com características comuns, chamadas bairros.

Área urbana do município de Goiânica (GO), 2020.

Área rural do município de Bananeiras (PB), 2020.

IMAGENS: SHUTTERSTOCK

Você vive em um espaço rural ou urbano?

129

Os bairros nos espaços urbanos

As famílias da cidade, em geral, têm maior acesso aos serviços de:
- eletricidade;
- água e esgoto tratados;
- transportes coletivos, como ônibus, trem e metrô;
- saúde (médicos, hospitais, dentistas etc.);
- bancos;
- comércio variado;
- comunicação (jornais, revistas, rádio, televisão, correio etc.).

Pessoas em ponto de ônibus, Belém (PA), 2022.

Esses serviços não ficam concentrados em uma área. Espalham-se pelos bairros, de acordo com as características de cada um.

À medida que um bairro cresce, também são ampliados os recursos que lhe dão suporte, como supermercados, escolas, feiras, hospitais, lojas e áreas de lazer.

Nas grandes cidades, às vezes, os bairros têm o tamanho e os recursos de uma pequena cidade.

Muitas vezes, os moradores dos bairros formam grupos para lutar por melhorias no bairro.

Os bairros nos espaços rurais

No espaço rural, as pessoas organizam-se em grupos de vizinhança onde predominam as relações de ajuda mútua.

Essa ajuda pode ser por meio do trabalho realizado pela família para garantir o sustento da casa, ou, quando necessário, um vizinho ajuda o outro, principalmente na época do plantio e da colheita.

Na zona rural, as casas são mais afastadas umas das outras. Paisagem rural em Bueno Brandão (MG), 2019.

Nos finais de semana, vizinhos e parentes costumam se reunir e realizar atividades diversas, como festas e eventos religiosos.

Os bairros rurais diferenciam-se dos urbanos quanto à forma de trabalho. Geralmente, as casas são construídas longe umas das outras, com predomínio de sítios, chácaras e fazendas em que se realiza o plantio de produtos e a criação de animais.

ATIVIDADES

1 Como você classifica o tipo de bairro em que mora: residencial, comercial, industrial, rural ou misto?

_____

2 Para que seus amigos possam encontrar o lugar onde você mora, precisam de seu endereço e de pontos de referência, como uma farmácia, um supermercado, uma igreja, o nome de uma chácara, de um rio etc. Complete a ficha a seguir com as informações do seu endereço.

Nome da rua: _____

_____

Nº: _____ Complemento: _____

Bairro: _____ CEP: _____

Cidade: _____ Estado: _____

3 Escreva o nome de três pontos de referência próximos da casa onde você mora.

_____

_____

4 Observe, na página 129, as fotos que mostram dois lugares: um localizado em um espaço urbano e, outro, em um espaço rural. Quais diferenças você observa entre eles?

_____

EU GOSTO DE APRENDER

Nesta lição, você estudou:

- As pessoas vivem em espaços urbanos (cidades) ou rurais (campo).
- Na cidade, as pessoas vivem em casas ou apartamentos.
- No campo, as pessoas vivem em chácaras, sítios e fazendas.
- Os recursos disponíveis nas áreas urbanas são diferentes dos encontrados nas áreas rurais.

ATIVIDADES

1 Se você mora na cidade, você já foi ao campo? O que observou lá de diferente do lugar onde você vive?

_____
_____
_____
_____
_____

2 Se você mora no campo, você já foi à cidade? O que observou de diferente do lugar onde você vive?

_____
_____
_____
_____

EU GOSTO DE APRENDER MAIS

A cidade muda

Na tranquila, ensolarada e bonita cidade de Rio Claro eu comecei a descobrir que a cidade muda. Isso aconteceu algum tempo atrás – quando eu era criança. Era esquisito deixar a rua de terra onde todas as crianças brincavam, sair de férias e, ao voltar, descobrir que o asfalto tinha tomado conta do bairro todo. [...]

Mas eu era muito pequeno e não sabia o que fazer. Na verdade nem sabia o que estava acontecendo. [...]

Bem, o tempo passou, eu cresci e tive que deixar a cidade de que tanto gostava. [...] Fui conhecer outros povos e outras culturas. Finalmente acabei por me estabelecer em São Paulo [...]. E foi exatamente nessa cidade que a minha percepção das transformações ficou mais aguçada. Tudo aquilo que eu percebia na minha calma Rio Claro, acontecia numa velocidade alucinante em São Paulo. Se por um lado isso fascinava e atraía, por outro deixava um certo sentimento de angústia ao ver tanta coisa bonita sumir. Casarões destruídos, parques devastados, ruas invadindo todos os cantos da cidade e um eterno barulho que ia aumentando, aumentando e deixava todo mundo surdo e a cidade muda. [...]

Eduardo Amos. *A cidade muda*. São Paulo: Moderna, 1991.

Rua do centro onde está localizado o mercado municipal da cidade de Rio Claro (SP). Foto de 2018

Avenida Radial Leste, uma das mais movimentadas em São Paulo (SP), 2019.

ATIVIDADES COMPLEMENTARES

1 Para facilitar o entendimento do texto, pesquise no dicionário o significado das palavras desconhecidas e escreva a seguir.

_____
_____

2 Qual é o assunto do texto?

_____
_____

3 Entreviste alguém da sua família que more há muitos anos em um bairro da sua cidade para descobrir as transformações que ocorreram nele. Siga o roteiro abaixo:

a) Nome do entrevistado: _____

b) Bairro onde mora: _____

c) Há quantos anos mora no bairro? _____

d) Como era o bairro muitos anos atrás? _____
_____

e) Qual mudança foi mais marcante?
_____
_____

4 Apresente o resultado da entrevista para o professor e para os colegas. Em seguida, façam um levantamento das principais mudanças que ocorreram nos bairros da cidade onde vocês moram.

LIÇÃO 3

OS TRABALHADORES URBANOS E RURAIS

Para atender às necessidades das pessoas tanto no espaço urbano como no rural, é necessário o trabalho de muitos profissionais.

O trabalhador urbano

Nas zonas urbanas, as pessoas podem trabalhar em indústrias, bancos, escolas, hospitais, lojas etc.

Conheça alguns profissionais que trabalham na cidade:
- **operários:** trabalham em fábricas, em montadoras de automóveis, em construções etc.;
- **bancários:** trabalham nas agências dos bancos;
- **feirantes:** trabalham em feiras livres vendendo verduras, ovos, frutas, legumes, utensílios domésticos etc.

Outros profissionais que normalmente trabalham na cidade são: comerciários, mecânicos, tintureiros, motoristas, entregadores de mercadorias, advogados, pedreiros, farmacêuticos, jornalistas, bombeiros, entre outros.

Os bancos são empresas prestadoras de serviços. Os funcionários dos bancos são os bancários.

As feiras livres ocorrem nas ruas das cidades e, em geral, comercializam frutas, legumes e verduras. Seus trabalhadores são os feirantes.

O trabalho na indústria

Na cidade, muitas pessoas trabalham em indústrias ou em fábricas. Elas transformam matérias-primas em produtos industrializados. **Matéria-prima** é o material que a natureza fornece e utilizamos para fabricar diversos produtos. **Produto industrializado** é aquele já transformado pelas máquinas.

Nas indústrias, as matérias-primas são transformadas em diversos produtos que serão vendidos aos consumidores. Na imagem, linha de montagem de tratores, em Mogi das Cruzes (SP), 2018.

Veja os exemplos.

Matéria-prima	Produto industrializado
couro	sapatos, bolsas
cana-de-açúcar	açúcar, rapadura, álcool
petróleo	gasolina
tomate	molho de tomate enlatado
algodão	tecidos para roupas
madeira	mesas, cadeiras

Os trabalhadores das indústrias chamam-se operários. Os donos das indústrias são chamados industriais.

O trabalho no comércio

As pessoas da cidade também trabalham no comércio, atividade que envolve compra e venda de produtos. As pessoas que trabalham no comércio são os comerciários. Os donos das casas comerciais são os comerciantes.

Chamamos estabelecimentos comerciais os lugares em que são comprados e vendidos produtos, como lojas de calçados e roupas, farmácias, livrarias, padarias, bancas de jornal, supermercados etc.

Consumidores são as pessoas que compram os produtos. O consumidor tem o direito de ser bem atendido na casa comercial e de trocar o produto quando estiver com problemas. Na hora da compra, o consumidor deve verificar se o produto está em bom estado, se está no prazo de validade e se ele tem garantia contra defeitos de fabricação.

Interior de supermercado. Porto Alegre (RS), 2020.

As pessoas que trabalham recebem um salário, uma quantia em dinheiro para atender às suas necessidades básicas, como aluguel ou prestação de moradia, roupas, alimentação, lazer e serviços diversos.

Os produtos vendidos no comércio podem vir de indústrias ou do campo.

Alguns produtos vêm da zona rural para serem vendidos nas cidades:
- legumes: abobrinha, cenoura, batata;
- frutas: mamão, maçã, laranja, banana;
- cereais: trigo, milho, aveia;
- verduras: alface, rúcula, escarola;
- leite e derivados;
- carnes de boi, de porco e de aves;
- ovos.

O trabalho no setor de serviços

Na cidade ou no campo as pessoas têm necessidades de vários serviços, como: coleta de lixo, cabelereiro, atendimento médico e veterinário, provedores de internet dentre outros. Esses tipos de atividade são chamados prestação de serviços.

O cabelereiro oferece serviços de corte, penteados e outros cuidados com os cabelos.

O conserto dos veículos em oficinas mecânicas também é uma prestação de serviços.

ATIVIDADES

1. Relacione os profissionais aos estabelecimentos em que trabalham.

   A Farmacêutico.   ☐ Açougue.

   B Açougueiro.   ☐ Agência bancária.

   C Professor.   ☐ Farmácia.

   D Cabeleireiro.   ☐ Padaria.

   E Bancário.   ☐ Escola.

   F Padeiro.   ☐ Salão de beleza.

2 Responda.

a) O que é matéria-prima?
_____

b) Onde é transformada a matéria-prima?
_____

3 Classifique os itens a seguir de acordo com o código.

> MP = matéria-prima
> PI = produto industrializado

- ☐ Algodão.
- ☐ Madeira.
- ☐ Óleo de soja.
- ☐ Barro.
- ☐ Cacau.
- ☐ Soja.
- ☐ Tecido.
- ☐ Móvel de madeira.
- ☐ Chocolate.

4 Indique qual das matérias-primas do quadro foi usada para fazer os produtos citados abaixo.

> carne – ferro – milho – trigo – couro – leite

a) biscoito, macarrão, pão, farinha: _____

b) iogurte, queijo, manteiga, coalhada: _____

c) presunto, linguiça, mortadela, salame: _____

d) óleo, ração, farinha: _____

e) automóvel, tesoura, faca: _____

f) cinto, bolsa, sapato: _____

5 Preencha a cruzadinha.

a) Quantia em dinheiro que os trabalhadores recebem a cada mês.

b) Donos das casas comerciais.

c) Trabalhadores das indústrias.

d) Nome dado às pessoas que compram produtos nos estabelecimentos comerciais.

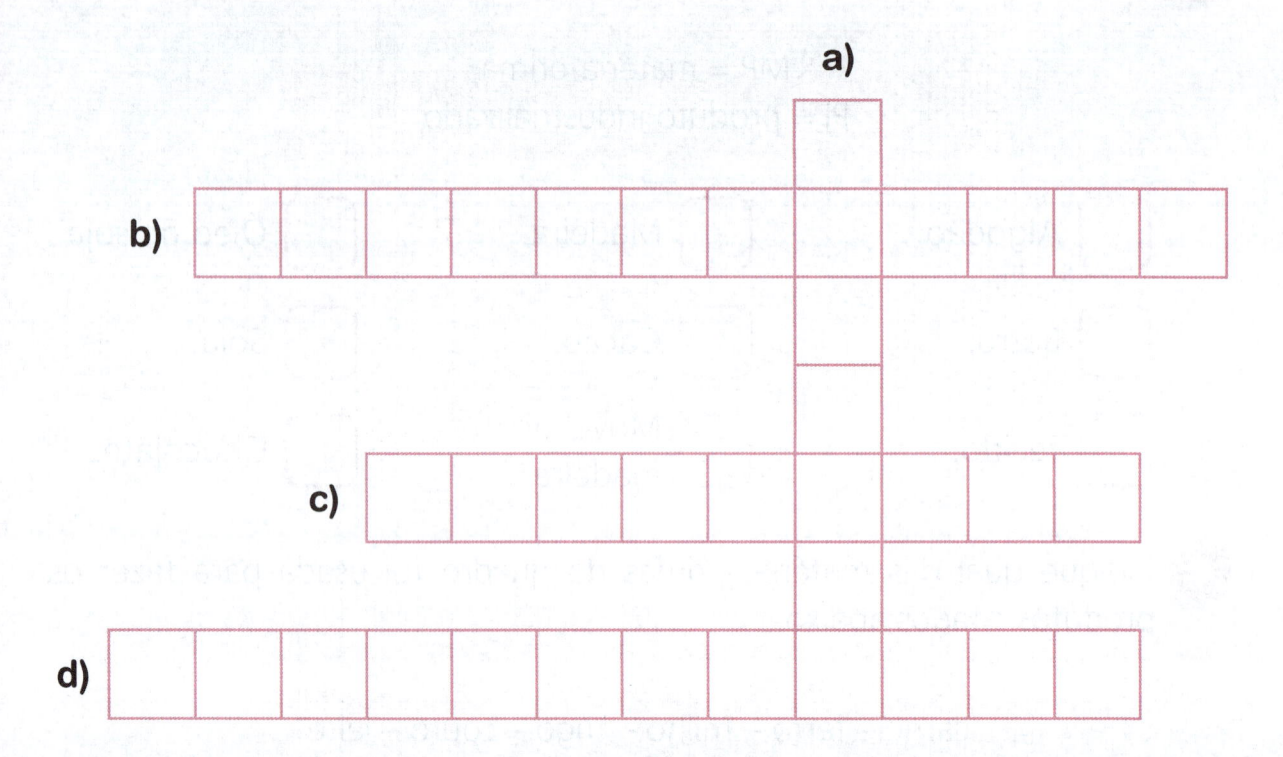

6 Pesquise informações sobre uma casa comercial que fica perto de onde você mora e registre as informações no seu caderno. Siga este roteiro:

- Nome do estabelecimento.
- Endereço.
- Horário de funcionamento.
- Tipo de produto que vende.

O trabalhador rural

No campo, também chamado espaço rural, as pessoas moram em sítios, chácaras, fazendas, granjas etc. As casas da zona rural geralmente ficam distantes umas das outras, mas isso não impede que as pessoas se reúnam e formem comunidades.

A maioria dos agricultores que têm a própria terra também mora na propriedade. Os habitantes do campo vivem em contato direto com a natureza.

As pessoas que vivem na comunidade rural costumam trabalhar com atividades ligadas à lavoura, à criação de animais ou às indústrias que transformam os produtos do campo.

Plantio de trigo, Arapongas (PR), 2019.

Criação de galinhas, Breves (PA), 2022.

Vamos conhecer um pouco mais sobre as pessoas que vivem no campo.

Alguns profissionais do campo:
- **agricultores** ou **lavradores**: cuidam da terra, aram, adubam, plantam, cuidam das plantações e colhem os frutos;
- **boiadeiros**: cuidam do gado.

O trabalho na agricultura

No campo, as pessoas preparam a terra, plantam, cuidam da plantação e colhem. Essa atividade é chamada **agricultura**.

As plantações exigem cuidados especiais, como uso de adubo, controle contra as pragas e construção de canais de irrigação.

Aqueles que trabalham na agricultura são os agricultores ou lavradores. Os donos das terras são chamados de fazendeiros ou proprietários rurais.

Agricultor colhendo verduras em plantação. Marília (SP), 2019.

IMAGENS: SHUTTERSTOCK

O trabalho na pecuária

Os moradores do campo também trabalham na **pecuária**, que é a criação de animais, como bois, cavalos, porcos etc. Quem trabalha diretamente com os animais é o peão, boiadeiro ou retireiro. O dono do gado é o pecuarista.

Boiadeiros cuidando do gado, Corumbá (MS), 2020.

SERGINHOPIREZ/SHUTTERSTOCK

Outra atividade desenvolvida no campo é a criação de aves (como galinhas, codornas, patos, perus etc.), chamada **avicultura**.

A criação de galinhas para a coleta de ovos é um tipo de atividade muito comum no campo.

As indústrias do campo

Muitos produtos do campo são utilizados para a fabricação de outros, que se transformam em produtos industrializados. Há diversas indústrias instaladas nas áreas rurais. É o caso, por exemplo, de indústrias que produzem etanol usando cana-de-açúcar como matéria-prima. Muitas delas ficam em regiões próximas de onde a matéria-prima é plantada.

Há ainda indústrias que preparam a carne para o consumo e outras que fabricam produtos utilizando, como matéria-prima, couro e ossos.

Usina de produção de etanol, Piracicaba (SP), 2020.

Os desafios da vida no campo

As pessoas que dependem das atividades agrícolas para viver precisam aprender a lidar com as variações do clima. Em épocas de muita chuva ou de seca, por exemplo, podem perder toda a plantação ou não ter alimento para o gado.

Por isso, o profissional do campo vem investindo cada vez mais em tecnologias que permitem a superação das dificuldades impostas pela natureza.

As áreas irrigadas são um exemplo disso: áreas em que as chuvas não são suficientes para o plantio e, por isso, são regadas por meio de modernos sistemas e maquinários, garantindo o abastecimento de água no local.

Irrigação de plantação de alface, Minas Gerais, 2020.

ATIVIDADES

1 Sublinhe as afirmativas verdadeiras.

a) O campo também é chamado de zona urbana.

b) As casas do espaço rural em sua maioria são distantes umas das outras.

c) Na cidade, os moradores dependem de atividades agrícolas para viver.

d) A vida no campo é mais tranquila do que nas cidades porque há menos trânsito.

e) No campo não encontramos rede de esgoto.

2 Observe o quadro da pintora Tarsila do Amaral e responda às questões.

O touro (*Paisagem com touro*) (1925), de Tarsila do Amaral. Óleo sobre tela, 52 cm × 65 cm.

a) O quadro retrata um espaço urbano ou rural?

_____

b) Escreva duas características que confirmem sua resposta no item **a**.

_____

_____

3 Complete as frases a seguir com as palavras do quadro.

> boiadeiros – terra – indústria – agricultores
> lavoura – plantação – animais

a) Na comunidade rural existem atividades ligadas à _____, à criação de _____ e à _____ de transformação.

b) Alguns dos profissionais do campo são os _____ e os _____.

c) A agricultura é uma atividade que prepara a _____, planta e cuida da _____.

145

4 Escreva nomes de produtos comercializados:

a) do espaço urbano para o rural;

_____

b) do espaço rural para o urbano.

_____

5 Relacione a segunda coluna de acordo com a primeira.

1	Pecuária		Trabalha com os animais.
2	Fazendeiros		Criação de animais.
3	Peão		Donos de terras.

6 As palavras a seguir estão relacionadas a outras atividades praticadas no espaço rural ou campo. Pesquise no dicionário o significado delas.

a) Piscicultura: _____   b) Apicultura: _____

c) Suinocultura: _____

EU GOSTO DE APRENDER

Nesta lição, você estudou:
- Os trabalhadores rurais e os trabalhadores urbanos produzem aquilo de que necessitamos para viver.
- No campo, os trabalhadores rurais realizam atividades na agricultura (agricultores ou lavradores), na pecuária (boiadeiros) e na agroindústria.
- Nas cidades, os trabalhadores urbanos podem ter atividades no comércio (comerciários, feirantes), na indústria (operários), nos escritórios (escriturários), nos bancos (bancários) etc.
- Na cidade e no campo existem profissionais que trabalham no setor de serviços, isto é, em atividades que fornecem serviços necessários à população, como carteiros, eletricistas, lixeiros, professores, advogados, contadores, médicos e dentistas.

ATIVIDADES

1 Associe corretamente o tipo de trabalhador com a atividade.

- A Frentista.
- B Boiadeiro.
- C Sitiante.
- D Comerciário.
- E Operário.
- F Bancário.
- G Feirante.
- H Escriturário.
- I Lavrador ou agricultor.

☐ Trabalhador urbano, faz comércio nas feiras.

☐ Trabalhador rural da agricultura.

☐ Trabalhador urbano, nas atividades bancárias.

☐ Trabalhador rural, pequeno proprietário de terra.

☐ Trabalhador urbano, atividades em escritórios.

☐ Trabalhador urbano, de lojas, armazéns, supermercados etc.

☐ Trabalhador rural, com atividades na pecuária.

☐ Trabalhador urbano ou rural da indústria ou agroindústria.

☐ Trabalhador urbano na prestação de serviços em postos de combustível.

2 Dos trabalhadores citados na atividade anterior, quais desenvolvem suas atividades no campo?

_____

3 E quais desenvolvem suas atividades na cidade?

_____

4 Faça uma colagem com recortes de imagens ou desenhos representando quatro tipos de trabalhadores, sendo dois do campo e dois da cidade. Escreva nas legendas qual é o tipo de atividade de cada profissional.

5 Além dos profissionais urbanos e rurais, existem nas cidades e no campo os trabalhadores com atividades no setor de serviços. Escreva o nome de cinco trabalhadores do setor de serviços.

_____
_____
_____
_____
_____

6 O que são as áreas irrigadas?

_____
_____
_____
_____
_____

EU GOSTO DE APRENDER MAIS

Os mais diferentes serviços...

À medida que as cidades crescem, as necessidades da população também aumentam. Por isso, o setor de serviços precisa atender às pessoas e, assim, aparecem diversas profissões, algumas até bem diferentes das existentes no passado. Veja alguns exemplos:

- **Passeador de cães:** pessoa que leva cachorros de estimação para passear, sendo pago para isso.
- **Papai Noel:** pessoa que é paga para se vestir de Papai Noel e ficar em algum ponto comercial, como em *shoppings* ou lojas.
- **Organizador de coisas nas residências:** pessoa paga para arrumar a "bagunça" de uma casa quando os donos não conseguem organizar seus pertences.
- **Provador de bebidas ou de comidas:** pessoa que trabalha provando os mais variados tipos de bebidas ou comidas para verificar se o sabor está bom.

Passeadora de cães.

Organizadora pessoal.

ATIVIDADES COMPLEMENTARES

1 O assunto desse texto é:

☐ profissões muito antigas.

☐ trabalhos novos e diferentes no setor de serviços.

☐ trabalhos muito antigos feitos apenas no campo.

☐ profissionais que se destacaram no setor industrial.

2. Você conhece alguma profissão que considera diferente? Qual? Conte para os colegas e para o professor.

3. Você costuma pensar no seu futuro? Já pensou em alguma profissão que gostaria de ter? Qual?

_____
_____

4. De acordo com o texto, o que faz um "passeador de cães"?

_____
_____

5. Se você fosse contratar um profissional citado nos exemplos do texto, qual seria? Por quê?

_____
_____

LEIA MAIS

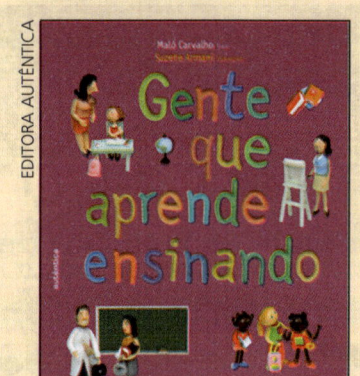

Gente que aprende ensinando

Malô Carvalho. Ilustrações de Suzete Armani. Fotografias de Fábio Cerati e Rodolfo Buhrer. São Paulo: Autêntica, 2012. (Coleção No caminho da cidadania).

O livro faz uma reflexão sobre a profissão de professor e mostra que, assim como as crianças, os animais e os idosos, os professores também têm direitos!

LIÇÃO 4

CAMPO E CIDADE SE COMPLETAM

O campo é uma área tradicionalmente produtora de alimentos e fornecedora de matérias-primas. Tanto a cidade como o campo consomem os produtos gerados nesse espaço.

As feiras livres de rua distribuem produtos no campo e nas áreas urbanas. São Paulo (SP), 2021.

Nas áreas urbanas os supermercados são um dos principais responsáveis pela distribuição de frutas, legumes e verduras produzidos no campo. Campo Grande (MS), 2020.

IMAGENS: SHUTTERSTOCK

A cidade é um espaço que oferece um grande número de serviços e atividades comerciais. É comum, por exemplo, que pessoas que morem no campo tenham de se deslocar à cidade para utilizar esses serviços, como atendimentos hospitalares.

Nas cidades, estão concentradas as atividades comerciais, como supermercados e lojas de roupas. Elas também abrigam indústrias e empresas que vendem

Linha de produção de tecelagem, Guaranésia (MG), 2020.

JOÃO PRUDENTE/PULSAR IMAGENS

produtos e equipamentos utilizados nas atividades ligadas ao campo, como a produção de adubos e sementes ou o comércio de tratores.

Linha de produção de fábrica de tratores, 2021.

ATIVIDADES

1 Observe as imagens dos produtos e indique **CI** para os que tem origem na cidade e **CA** para os que tem origem no campo.

a)

b)

c)

d)

e)

f)

2 Você sabe quais alimentos são produzidos na zona rural do município onde você vive?

_____

3 Quais matérias-primas são extraídas da zona rural do município onde você vive?

_____

153

A cidade também depende do campo. A grande maioria dos alimentos consumidos pelas pessoas que moram na cidade tem sua origem na área rural, como frutas, legumes e carnes. Muitas indústrias instaladas na cidade dependem de matéria-prima vinda do campo. Algumas indústrias se instalam no campo – as agroindústrias – e enviam seus produtos para a cidade, como o açúcar, o leite e o papel.

A indústria de produção de sucos, em geral, está localizada no campo, próxima da área de produção das frutas. Laranjas sendo selecionadas para a produção de suco.

Transporte de cana-de-açúcar para usina de produção de etanol. Campos de Goytacazes (RJ).

Êxodo rural

Ao longo do século XX, as características da população do Brasil se modificaram significativamente.

No início desse século, a população era predominantemente rural, ou seja, vivia no campo. Ao longo das décadas, esse quadro foi se modificando e, atualmente, a maior parte da população é urbana, isto é, vive nas cidades.

População ocupando área central da cidade no início do processo de urbanização brasileira. Praça da Sé, São Paulo (SP), 1940.

Pessoas circulam por avenida de São Paulo (SP), 2018.

Um dos motivos para essa mudança no quadro social foi o chamado **êxodo rural**. Esse termo é utilizado para definir a migração em massa da população do campo em direção à cidade.

Passageiros em estação rodoviária, Londrina (PR), 2019. O transporte rodoviário é o mais utilizado para a circulação das pessoas de um lugar para outro.

Muitos desses migrantes decidiram mudar para as áreas urbanas do país em busca de melhores condições de vida, novos empregos e maior acesso às redes públicas de saúde e educação.

É importante compreender que as políticas públicas urbanas não se adequaram corretamente a essa chegada de migrantes e muitos acabaram se instalando em locais de risco, como barrancos ou encostas de morros.

Atualmente, alguns desses migrantes, notando novas oportunidades em suas terras natais, realizam migração de retorno.

Observe os gráficos com a transição demográfica do Brasil.

Faça a leitura dos gráficos e converse com os colegas e com o professor a respeito.

DISTRIBUIÇÃO DA POPULAÇÃO BRASILEIRA POR SITUAÇÃO DE DOMICÍLIO, 1950-2010

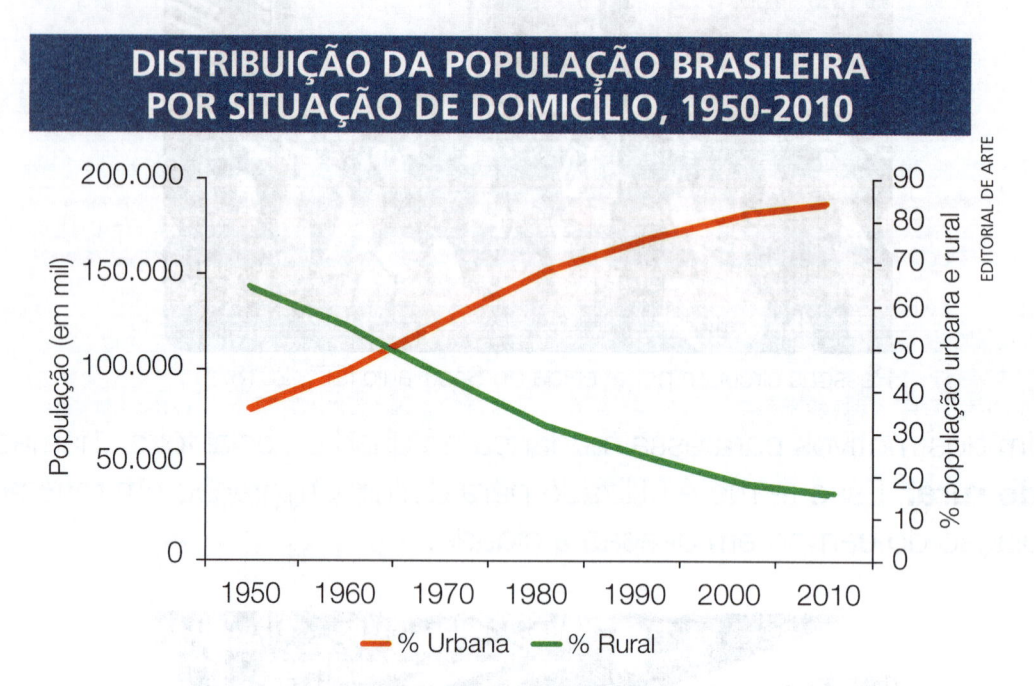

— % Urbana — % Rural

Fonte: IBGE. Disponível em: https://brasilemsintese.ibge.gov.br/populacao/distribuicao-da-populacao-por-situacao-de-domicilio.html. Acesso em: 30 jul. 2022.

DISTRIBUIÇÃO DA POPULAÇÃO BRASILEIRA POR SITUAÇÃO DE DOMICÍLIO, 1950-2010

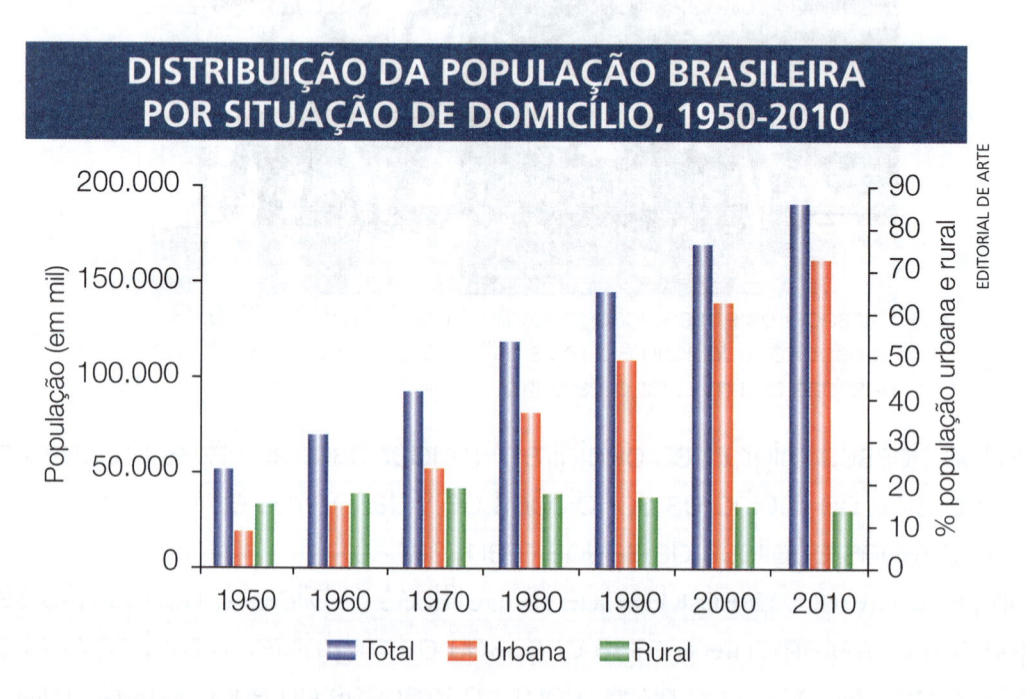

■ Total ■ Urbana ■ Rural

Fonte: IBGE. Disponível em: https://brasilemsintese.ibge.gov.br/populacao/distribuicao-da-populacao-por-situacao-de-domicilio.html. Acesso em: 30 jul. 2022.

ATIVIDADES

1 Com base nos gráficos da página anterior, responda:

a) O que aconteceu com a população urbana do Brasil ao longo das últimas décadas?

_____
_____
_____
_____

b) O que aconteceu com a população rural do Brasil ao longo das últimas décadas?

_____
_____
_____
_____

c) O que houve com a população total do Brasil em números absolutos nas últimas décadas?

_____
_____
_____

d) Em que período a população urbana superou a rural?

_____
_____
_____
_____

EU GOSTO DE APRENDER

Nesta lição, você estudou:
- O campo precisa de produtos industrializados da cidade.
- A cidade precisa de produtos do campo, como os alimentos, que vêm da agricultura e da pecuária. Também precisa de matérias-primas para a indústria.
- Há um comércio intenso entre campo e cidade, assim como um sistema de transportes para a troca de produtos.
- A população do campo era maior que a população urbana até os anos 1960.
- Êxodo rural é o deslocamento de pessoas do campo para as cidades. Essa migração é motivada pela falta de terras e de empregos no campo.
- Após os anos 1960, a população urbana tornou-se maior que a do campo, principalmente por causa do êxodo rural.
- Atualmente, o êxodo rural no Brasil diminuiu e tende a desaparecer.
- Uma forma de demonstrar dados, como o número de habitantes de um país, é por meio de gráficos.

ATIVIDADES

1 Marque **V** se a frase for verdadeira e **F** se for falsa.

☐ Campo e cidade podem existir separadamente, sem se relacionar.

☐ Entre campo e cidade não existe nenhum tipo de comércio.

☐ O campo fornece à cidade produtos alimentícios e outros vindos da agricultura e da pecuária, além de matérias-primas para a indústria.

☐ A cidade envia ao campo roupas, móveis, máquinas, materiais de construção e outros produtos industrializados.

2 Observe estes produtos e escreva se eles têm origem no campo ou na cidade.

a) _____

b) _____

c) _____

d) _____

e) _____

f) _____

3 Marque com um **X** a melhor explicação para êxodo rural.

☐ É o deslocamento de pessoas da cidade para o campo.

☐ É a mudança de pessoas do campo para a cidade.

☐ É o movimento de ida e vinda do campo para a cidade.

☐ É o deslocamento de pessoas de uma cidade para outra.

4 Quais são os motivos mais comuns para haver êxodo rural?

_____

_____

_____

5 Faça uma lista de produtos que você usa na escola e em casa. Agora, classifique-os de acordo com a origem na tabela abaixo.

Campo	Cidade

EU GOSTO DE APRENDER MAIS

Riqueza e pobreza no campo e na cidade

No Brasil, ainda há muita desigualdade entre as pessoas. Algumas são muito ricas, donas de propriedades e de empresas, enquanto outras só podem viver de seu trabalho e ganham muito pouco.

Essa situação existe tanto no campo como na cidade.

No campo, há muitos lavradores pobres que não têm recursos para investir na agricultura e enfrentam secas e falta de serviços básicos. Se deixam o campo e vão para as cidades, enfrentam outros tipos de dificuldade, como salários baixos e moradias precárias.

Agricultor utilizando computador no campo junto à lavoura de milho, em Londrina (PR), 2015.

Vegetação seca do agreste, em Estrela de Alagoas (AL), 2015.

Um modo de solucionar essa grande desigualdade é lutar pelo aumento de salários e por moradias dignas, educação, saúde e serviços públicos de qualidade para todos os brasileiros.

ATIVIDADES COMPLEMENTARES

1 O texto fala de um problema que existe tanto no campo como na cidade. Que problema é esse?

_____

_____

2 O que geralmente acontece quando um lavrador pobre sai do campo e vai viver na cidade?

_____

3 Circule o que é necessário para diminuir a desigualdade social entre as pessoas:

bons salários – bancos – escolas públicas – empregos – supermercados palacetes – meios de transporte – hospitais públicos – internet – restaurantes

4 Na sua opinião, o problema indicado por esse texto existe em sua cidade? Por quê? Converse sobre isso com os colegas e com o professor.

5 Faça uma pequena história em quadrinhos representando uma pessoa que sai do campo e vai viver na cidade. Mostre os problemas da pessoa no campo, sua viagem e a situação que ela terá de enfrentar na cidade. Use os espaços abaixo.

LEIA MAIS

Ciça e a rainha

Neusa Jordem Possatti. Ilustrações de Renato Alarcão. São Paulo: Paulinas, 2012.

O livro narra a história de uma menina, filha de boias-frias, que supera dificuldades e realiza sonhos.

LIÇÃO 5

ELEMENTOS DA PAISAGEM: A ÁGUA

Se pudéssemos olhar a Terra de cima, veríamos uma grande esfera azul: é porque o mar cobre boa parte do planeta.

Os oceanos compõem cerca de dois terços da Terra e os continentes ocupam o restante.

Nessa representação da Terra, a quantidade de água existente em nosso planeta pode ser observada nas áreas em azul.

Mas a maior parte dessa grande quantidade de água é imprópria para o consumo.

Do total de água que existe no planeta, uma pequena quantidade é doce e a maior parte é formada por água salgada dos oceanos.

A água doce está distribuída nos rios, nos lagos, nas lagoas e nos lençóis subterrâneos, e uma grande quantidade está congelada na Antártida e no Polo Norte.

Geleiras da Antártida, 2022.

Trecho do Rio São Francisco, Ibotirama (BA), 2022.

Se fosse possível colocar toda a água do planeta em uma garrafa de um litro, só uma gota serviria para beber.

ATIVIDADES

1 Complete:

a) A maior parte da superfície da Terra é coberta por _____
_____.

b) A maior parte da água da Terra está presente nos _____
_____.

c) A outra parte de água da superfície do planeta é de água _____
_____.

d) A água doce está distribuída nos _____
_____.

2 Assinale uma fonte de água utilizada para o consumo humano.

☐ Oceanos.   ☐ Geleiras.   ☐ Rios.

A água salgada

A água salgada é encontrada nos oceanos e nos mares.

Os **oceanos** são a porção de água salgada que cobre a maior parte da Terra. Existem cinco oceanos: o Atlântico, o Pacífico, o Índico, o Glacial Ártico e o Glacial Antártico. Os **mares** são as partes dos oceanos que estão em contato com os continentes formando o litoral. Os principais mares do planeta são o Mediterrâneo, o das Antilhas, o Arábico e o da China.

Nos mares e nos oceanos, costuma-se fazer a pesca, a extração de petróleo, o transporte de pessoas e mercadorias em barcos e navios e também ter momentos de lazer.

De toda a água do planeta, 97% encontram-se nos oceanos e mares, ou seja, é água salgada. A água doce representa apenas 3% do total de água.

O Brasil é banhado pelo Oceano Atlântico. Praia em Recife (PE).

ATIVIDADES

1 O litoral brasileiro é banhado por qual oceano?

_____
_____

2 Considerando que na malha quadriculada cada quadradinho representa 1% da quantidade de água no planeta, pinte de azul o percentual correspondente à água salgada do planeta e de verde o percentual correspondente à água doce.

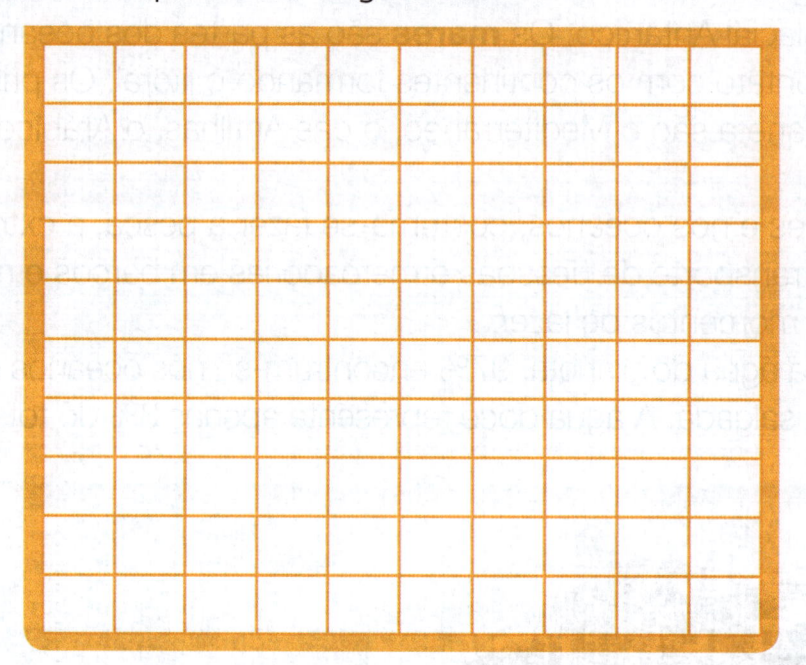

3 Quais são as atividades feitas nos mares e nos oceanos?

_____

_____

A água doce

A água doce é a água de rios, lagos, lagoas, lençóis subterrâneos e geleiras.

As **geleiras** são grandes camadas de gelo que se formam com a neve que se acumula e não derrete. Elas são os maiores depósitos de água doce.

Parte do gelo das geleiras derrete continuamente e abastece de água mares, rios, fontes e lagos. No inverno, as geleiras recebem neve e formam novas camadas. No verão, uma parte maior do gelo derrete e fornece mais água a rios, fontes, lagos e lençóis subterrâneos.

No entanto, um novo fenômeno tem provocado alterações nesse ciclo: o aumento do **efeito estufa**.

O efeito estufa é um fenômeno causado pela concentração de gases na atmosfera, principalmente o dióxido de carbono. Esses gases funcionam como uma capa que impede que o calor da irradiação solar absorvido pela superfície terrestre escape para o espaço. O efeito estufa é um processo natural no planeta e, sem ele, as temperaturas seriam muito baixas. Entretanto, por causa das atividades humanas, a concentração de gases de efeito estufa na atmosfera duplicou nos últimos 100 anos. Isso ocorreu principalmente pela queima de combustíveis fósseis, como carvão, petróleo e gás natural, e pelo desmatamento e queimadas de florestas. Como consequência, a temperatura média da Terra vem aumentando.

A temperatura maior provoca, por exemplo, o derretimento de geleiras e isso faz aumentar a quantidade de água dos oceanos, cujo nível pode elevar-se e inundar muitas cidades litorâneas. A diminuição do depósito de gelo nas altas montanhas, por sua vez, pode provocar a redução da quantidade de água que elas fornecem a rios, fontes e lagos, causando problemas de abastecimento.

Os rios

O **rio** é uma corrente de água natural que se origina em nascentes de águas subterrâneas, lagos ou em outros rios e se dirige para o mar, para outro rio ou para um lago.

Os rios são muito importantes para os seres humanos, pois são fonte de alimento e água, vias de transporte de pessoas e mercadorias e servem para produzir energia elétrica nas usinas hidrelétricas.

Nos primórdios da humanidade, muitas cidades surgiram e cresceram perto de rios. A maioria dos países é cortada por rios que se tornam importantes meios de transporte para seus habitantes.

Cidade de Penedo (AL), às margens do Rio São Francisco.

Região da cidade de Manaus (AM) banhada pelo Rio Negro.

A maioria das cidades do mundo é abastecida de água pelos rios.

No Brasil, existem muitos rios que abastecem cidades. Mas alguns deles, nos períodos de seca, podem ficar com um volume pequeno de água e até secar. No Nordeste, por exemplo, existem os rios temporários. Durante uma parte do ano ou mesmo por períodos prolongados, eles ficam secos. Milhares de pessoas dessa região do Brasil, sobretudo moradores das zonas rurais e das pequenas cidades do Sertão, sofrem para se abastecer de água.

Vista produzida com drone da Rodovia BR-428 sobre rio temporário no período da seca. Cabrobó (PE).

Leito do Riacho Grande no período da seca, Sertão da Bahia.

ATIVIDADES

1 O que provoca o aumento do efeito estufa?

_____

_____

2 O que é um rio?

_____

3 Onde se originam os rios?

_____

_____

168

4 Qual é a importância dos rios?

_____

_____

5 Cite alguns exemplos de alimentos que podem ser obtidos nos rios.

_____

6 O que são rios temporários?

_____

O consumo de água

Mesmo o Brasil sendo um país rico em recursos hídricos, a distribuição de água não é igual em todas as regiões. Na Região Norte, por exemplo, concentra-se 80% da quantidade de água disponível e, nas regiões próximas ao litoral, onde vive o maior número de pessoas, temos menos de 3% dos recursos hídricos do país.

De acordo com a Organização das Nações Unidas (ONU), cada pessoa precisa de cerca de 110 litros de água por dia para atender às suas necessidades. Entretanto, muitas pessoas no Brasil e no mundo não têm acesso a essa quantidade, sofrendo diariamente com a falta de água. De cada dez pessoas, três não têm acesso à água potável.

Existem diversas causas para a crescente falta de água potável. As principais são:

- aumento do consumo: a população mundial continua aumentando, sobretudo nos países mais pobres, onde já é crônica a falta de água;
- crescente uso de água de rios, lagos e lençóis subterrâneos na agricultura;
- poluição: muitos rios são poluídos por esgotos domésticos e industriais;

- secas prolongadas: ocorrem em alguns lugares do Brasil e do mundo;
- desperdício: ocorre na maioria das cidades e suas causas são os vazamentos nos encanamentos e o uso inadequado.

O desperdício por uso inadequado ocorre quando se gasta mais água do que o estritamente necessário. A tabela a seguir refere-se ao consumo doméstico de água.

CONSUMO DOMÉSTICO DE ÁGUA		
Atividade doméstica	Quantidade de água (litros)	Tempo
Lavar o rosto com a torneira aberta	2,5	1 minuto
Descarga do vaso sanitário (padrão Brasil)	6	6 segundos
Escovar os dentes com a torneira aberta	12	5 minutos
Chuveiro (banho)	45	15 minutos
Lavar a louça com a torneira meio aberta	117	15 minutos
Molhar jardim	186	10 minutos
Lavar roupa no tanque	279	15 minutos
Lavar calçada com mangueira	279	15 minutos
Lavar carro com mangueira	560	30 minutos

Fonte: Companhia de Saneamento Básico de São Paulo (Sabesp).

Se usarmos apenas a quantidade suficiente de água para nossas necessidades domésticas e fecharmos as torneiras que pingam ou que estão abertas desnecessariamente em casa, na escola e nos locais públicos, poderemos economizar muita água.

ATIVIDADES

1 Todas as pessoas no mundo têm acesso à água?

_____
_____
_____

2 Pense na água que você gasta para lavar o rosto, dar descarga no vaso sanitário, escovar os dentes e tomar banho. Você está dentro do consumo indicado pela ONU de 110 litros de água por dia para cada pessoa?

_____
_____
_____

3 Que medidas podem ser adotadas para evitar o desperdício de água? Cite pelo menos cinco delas.

_____
_____
_____
_____
_____

4 Você já esteve em alguma situação na qual não havia água para consumir? Como foi? Compartilhe com os colegas.

_____
_____

Poluição das águas

Além do desperdício, existe a poluição dos recursos hídricos. Se os rios abastecem as cidades desde a origem da humanidade, eles também são usados para descartar os dejetos, tanto domésticos como industriais e agrícolas.

Observe as imagens a seguir.

Aspecto do Rio Tietê durante uma competição de natação, na cidade de São Paulo (SP), década de 1920.

As imagens mostram o aspecto atual do Rio Tietê, poluído e com uma via expressa de grande trânsito nas suas margens.

As imagens mostram momentos do Rio Tietê, que corta grande parte da cidade de São Paulo. No passado, ele servia para abastecimento de água, pescaria, meio de transporte e recreação da população. Com o crescimento da cidade, a área em seu entorno foi sendo remodelada pela própria prefeitura e o rio, além de receber esgoto, perdeu a vegetação de suas margens, que foi estreitada e ocupada por uma grande via que liga a Zona Oeste à Zona Leste de São Paulo.

Na atualidade, o Tietê, nesse trecho, não tem mais peixes e não é mais navegável. No período das chuvas, por causa do estreitamento das margens e da retirada da vegetação, entre outras ações, ele transborda. Suas águas são intensamente poluídas, sendo considerado um lixão a céu aberto na cidade.

Esse processo de uso dos rios não fica restrito a São Paulo. Em muitos outros locais do Brasil e do mundo, os rios, que antes abasteciam a população, são fontes de problemas por causa da poluição de suas águas.

Além dos rios, os mares e oceanos também são agredidos com a poluição, pois muitos esgotos domésticos e industriais são despejados diretamente no mar por canais de esgoto ou provenientes dos rios, do vazamento de óleo de navios e de dejetos que os banhistas deixam nas praias.

A poluição dos oceanos fica muito visível nas praias, tanto pelos dejetos que os banhistas deixam na areia como os que as ondas trazem das águas do mar.

ATIVIDADES

1. O que provocou a transformação do Rio Tietê em São Paulo?
___

2. O que era possível obter do Rio Tietê antes de ele ficar poluído?
___

3. O que polui os mares?
___
___

4. Observe a imagem e depois responda:
   Você considera a ação retratada na imagem uma atitude que todos deveriam praticar? Converse com o professor e os colegas sobre esse assunto.

EU GOSTO DE APRENDER

Nesta lição, você estudou:
- A maior parte do planeta Terra é formada por água;
- A maior parte da água do planeta está nos mares e oceanos;
- Rios, lagos, lagoas, águas subterrâneas e geleiras concentram a maior parte da água doce do planeta;
- O aumento do efeito estufa, provocado pela queima dos combustíveis fósseis, pelo desmatamento e pelas queimadas, tem feito as geleiras derreterem;
- Os rios são importantes para as pessoas como meio de abastecimento de água, fonte de alimento, vias de transporte e lazer;
- Existem rios que secam durante o período das secas;
- A distribuição de água no Brasil não é igual em todos os lugares;
- Há muitas pessoas que não têm acesso à água;
- Os rios sofrem transformações, e muitos deles estão poluídos pelas atividades humanas.

ATIVIDADES

1 Se no lugar onde você mora existir um rio, responda:

a) Qual é o nome desse rio?
_____

b) Onde ele se localiza (longe ou perto da sua casa)?
_____

c) Esse rio costuma inundar e invadir as casas que ficam perto dele?
_____

d) Você costuma nadar ou pescar nesse rio? _____

e) Esse rio está poluído? _____

EU GOSTO DE APRENDER MAIS

Observe as imagens a seguir.

1

KEV GREGORY/SHUTTERSTOCK

Foca.

2

RICH CAREY/SHUTTERSTOCK

Tartaruga-marinha.

3

FIELDWORK/SHUTTERSTOCK

Pinguim.

Essas três imagens têm em comum a poluição dos oceanos provocada pelas atividades humanas.

Na primeira imagem, uma foca está enroscada no resto de uma rede de pesca.

Na segunda, a tartaruga-marinha está prestes a comer um pedaço de plástico.

Na terceira, um pinguim está com as penas impregnadas de óleo.

A poluição provocada pelas atividades humanas pode não estar perto de nossos olhos, mas afeta a todos os seres vivos, mesmo aqueles que vivem mais distantes da presença humana, como as focas e os pinguins.

O problema envolvendo o plástico e as tartarugas-marinhas tem chamado bastante a atenção de quem se dedica a proteger os animais. Estima-se que a metade delas já tenha ingerido plástico imaginando ser alimento. Tartarugas encontradas mortas nas praias tinham como causa a asfixia por todo tipo de plástico, inclusive um muito consumido pelos banhistas: o canudinho que usamos para ingerir bebidas na praia e em vários outros lugares.

Os principais dejetos jogados no mar são pneus, garrafas de vidro, latinhas e todo tipo de material plástico, como embalagens, copos, garrafas, sacos, canudinhos e pés de pato, entre outros.

Pense nisso quando for à praia: lugar de lixo é no lixo.

ATIVIDADES COMPLEMENTARES

1. Você já foi em alguma atividade de lazer e o local estava poluído? O que você sentiu?

   _____

   _____

   _____

2. Quando você e sua família fazem alguma atividade de lazer ao ar livre costumam levar sacolas para colocar o lixo e descartá-lo no lugar correto?

   _____

   _____

3. Que tal pesquisar mais sobre as tartarugas-marinhas? No *site* do Projeto Tamar, que protege as tartarugas-marinhas que visitam o Brasil, há uma cartilha que ensina muitas coisas sobre elas. Disponível em: http://www.tamar.org.br/arquivos/cartilha-2015-tartarugas-marinhas-ciclos.pdf. Acesso em: 30 jul. 2022.

LIÇÃO 6

ELEMENTOS DA PAISAGEM: PLANTAS E ANIMAIS

Leia esta lista. São animais que vivem no Brasil. Será que você conhece algum deles?

- Ararajuba
- Arara-azul
- Ariranha
- Baleia-franca-do-sul
- Cervo-do-pantanal
- Gato-maracajá
- Lobo-guará
- Macaco-aranha
- Mico-leão-dourado

- Muriqui-do-norte
- Onça-pintada
- Saíra-militar
- Soldadinho-do-araripe
- Tamanduá-bandeira
- Tartaruga-de-couro
- Tartaruga-oliva
- Uacari-branco
- Udu-de-coroa-azul

Este é um gato-da-floresta que foi muito caçado pelo valor de sua pele. Atualmente, está ameaçado de extinção pela destruição de seu hábitat em virtude do desmatamento.

Ameaçado pela caça ilegal e pelo desmatamento, o uacari vive na Floresta Amazônica.

Tamanduá-bandeira fêmea com seu filhote. O mamífero está em extinção devido à destruição do seu hábitat.

Você sabe por que esses animais foram colocados nessa lista? Porque eles podem desaparecer completamente em algumas décadas.

São espécies brasileiras ameaçadas de extinção. No mundo, existem muitos animais ameaçados, assim como vários tipos de vegetação que podem deixar de existir.

Se isso acontecer, as paisagens deixarão de contar com uma parte muito importante da fauna e da flora do planeta.

Você sabe o que é fauna e flora?

Os animais e a paisagem

O conjunto de animais de um ambiente, com exceção do ser humano, forma a fauna. Se pensarmos no planeta, perceberemos que esse conjunto é muito variado, pois existem milhares e milhares de espécies. Esses animais compõem a paisagem, isto é, fazem parte da biodiversidade de um local.

Biodiversidade é o conjunto, muito variado, de espécies da fauna, da flora (que são os vegetais), de microrganismos e de ecossistemas de determinado hábitat, ou seja, do local onde vivem.

O Brasil é o país que abriga a maior biodiversidade do mundo. Os cientistas afirmam que cerca de 10% a 15% de toda a biodiversidade do planeta estão no Brasil.

A tartaruga e o tuiuiú são animais ameaçados de extinção.

Tanto no Brasil como no restante do mundo, entretanto, muitas espécies de animais sofrem com a ação de seres humanos, que destroem seus hábitats e os caçam para obter lucros. Nos últimos séculos, centenas de espécies foram extintas. Veja alguns exemplos:

O antílope-azul habitava as savanas do sul da África, mas desapareceu por volta de 1800 com a colonização europeia. A espécie foi dizimada pela caça e, além disso, seu hábitat foi tomado pela agricultura.

O emu-negro habitava uma ilha da Austrália e foi extinto em 1822 pela ação de colonizadores.

O rinoceronte-negro do oeste africano habitava a África e foi extinto em 2011 em virtude da caça predatória.

179

As plantas e a paisagem

A superfície do planeta Terra apresenta um conjunto de plantas das mais diferentes espécies. Esse conjunto é chamado de **flora** e constitui a vegetação do planeta ou de uma região.

A grande variedade da flora terrestre ocorre por causa do clima e da variação de temperatura e umidade de uma região para outra.

Assim, dependendo das condições climáticas, podem existir muitos tipos de vegetação, como desértica, estepe, floresta de coníferas, floresta temperada, floresta tropical, savana, tundra, vegetação de montanha e vegetação mediterrânea.

Vegetação de deserto é aquela típica de regiões áridas, nas quais chove muito pouco.

Tundra é um tipo de vegetação em que há capim e junco. É típica de regiões com baixas temperaturas.

Estepe é um tipo de vegetação formada por gramíneas e pequenos arbustos. No Brasil, a vegetação semelhante à estepe é a chamada pampa.

Floresta de coníferas é o nome da vegetação de regiões que apresentam baixas temperaturas. As árvores têm folhas em forma de agulha – assim como o pinheiro.

Vegetação de montanha é uma vegetação mais uniforme, sem grande variação, típica de grandes altitudes, como nos Andes e no Himalaia.

Floresta temperada é um tipo de floresta de região de clima temperado, em que as quatro estações são bem definidas. As árvores típicas são carvalhos, faias e bordos.

A vegetação mediterrânea é caracterizada por árvores de pequeno porte, como as oliveiras. O nome vem da região de maior ocorrência, que é no entorno do Mar Mediterrâneo.

Savana ou Cerrado é uma vegetação que apresenta árvores pequenas, de caule torto. É comum na porção central da América do Sul, no norte da América Central, em algumas áreas da Austrália e do continente africano.

No Brasil, a flora é bastante diversa, compondo as paisagens com inúmeras árvores, arbustos e outras espécies. Nenhum outro país tem tantas variedades de orquídeas e palmeiras catalogadas.

A floresta tropical aparece em regiões próximas à Linha do Equador, onde há muita chuva e umidade. A Floresta Amazônica é a maior floresta tropical do mundo.

181

Essa extrema diversidade acontece porque o Brasil é um país extenso – seu território é o quinto maior do mundo, havendo, portanto, muitas matas, como a Floresta Amazônica, a Mata Atlântica e o Pantanal. Além disso, o clima é bastante variado, o que favorece a diversificação de vegetação.

Entretanto, como ocorre em outras partes do mundo, a vegetação sofre com a ação humana, que provoca desmatamentos, queimadas e poluição em áreas que deveriam ser preservadas.

A Planície do Pantanal é extremamente rica em biodiversidade.

Com as queimadas, muitas espécies vegetais e animais morrem ou são expulsas de seus hábitats.

ATIVIDADES

1. O conjunto de animais de um local pode ser chamado de:

☐ flora.

☐ biodiversidade.

☐ fauna.

☐ ecossistema.

2 Assinale a frase verdadeira.

☐ O Brasil não tem espécies animais em extinção.

☐ O Brasil abriga uma flora bastante diversa.

☐ Não existem mais espécies de mamíferos no Brasil.

☐ Os cientistas já descobriram todas as espécies animais do Brasil.

3 Por que existem espécies animais ameaçadas de extinção?

_____

_____

4 Leia novamente o começo desta lição, escolha o nome de duas espécies ameaçadas de extinção no Brasil e pesquise a respeito delas.

5 Qual é a melhor definição de biodiversidade?

☐ Conjunto de espécies da fauna, da flora, dos microrganismos e dos ecossistemas em determinado hábitat.

☐ Conjunto de todas as espécies animais de um local.

☐ Conjunto de todas as espécies vegetais de um local.

☐ Conjunto de microrganismos e animais de um local.

6 Complete: O conjunto de plantas que cobrem a superfície do planeta pode ser chamado de _____ ou _____.

7 Por que a vegetação do planeta varia tanto? _____

_____

8 Exemplifique a variação da flora do nosso planeta citando três tipos de vegetação.

_____

_____

9 Associe o tipo de vegetação com uma de suas características.

A	Desértica	F	Vegetação mediterrânea
B	Tundra	G	Estepe
C	Floresta de coníferas	H	Savana
D	Floresta tropical	I	Vegetação de montanha
E	Floresta temperada		

☐ Quatro estações bem definidas.

☐ Ocorre em regiões de grandes altitudes.

☐ Árvores com folhas em forma de agulha em regiões frias.

☐ Árvores baixas, como a oliveira.

☐ Capim e junco, baixas temperaturas.

☐ Árvores pequenas de caule torto.

☐ Muitas árvores altas em regiões quentes e chuvosas.

☐ Vegetação rala, região de quase nenhuma chuva.

☐ Grandes campos com vegetação baixa.

EU GOSTO DE APRENDER

Nesta lição, você estudou:

- As plantas e os animais fazem parte da paisagem.
- O conjunto de plantas do planeta chama-se vegetação ou flora.
- O conjunto de animais do planeta chama-se fauna.
- O conjunto de fauna, flora, microrganismos e ecossistemas de determinado hábitat é chamado de biodiversidade.
- O Brasil tem uma das maiores biodiversidades do mundo.
- Espécies animais e vegetais estão ameaçadas de extinção por causa das atividades humanas, como destruição de hábitats, poluição, queimadas e desmatamento.
- Muitas espécies animais e vegetais já desapareceram completamente do planeta por causa da ação dos seres humanos.

ATIVIDADES

1 Complete com a definição.

Flora: _____

Fauna: _____

2 Assinale a espécie animal brasileira que está ameaçada de extinção.

☐ Lobo-guará.

☐ Beija-flor.

☐ Gato siamês.

☐ Macaco-prego.

3 Converse com os colegas e com o professor sobre a ameaça de extinção que muitos animais sofrem. Na opinião de vocês, o que pode ser feito para salvar essas espécies? Escreva algumas conclusões.

_____
_____
_____
_____

4 Explique como a prática de queimadas pode ser prejudicial para a fauna e para a flora de uma região.

_____
_____
_____
_____

5 No quadro abaixo, faça um desenho com imagens de um tipo de vegetação que pode existir no nosso planeta. Escreva o nome da vegetação.

LIÇÃO 7

ELEMENTOS DA PAISAGEM: RELEVO

Você sabe em qual parte do planeta Terra vivemos?

Quem respondeu que vivemos na superfície, acertou! A humanidade surgiu e se desenvolveu sobre os continentes, na superfície do planeta.

Essa superfície não é plana nem regular, não é verdade? É cheia de altos e baixos, mesmo na parte coberta pelos oceanos.

E como se chama o conjunto desses "altos e baixos"? Relevo!

Observe com atenção as duas fotografias a seguir. Elas mostram paisagens com relevos diferentes.

Montanhas na Escócia.

Área de pampa no Rio Grande do Sul.

Que diferenças essas paisagens apresentam quanto ao relevo?

187

Relevo natural

Relevo é o conjunto de formas, de altos e baixos, da superfície terrestre.

Essas formas diferentes – terrenos planos, montes, subidas, descidas e depressões – são o resultado da ação do tempo, da erosão, dos ventos, das chuvas e de fenômenos como furacões e *tsunamis*.

Ao longo de milhares e milhares de anos, a paisagem foi se modificando, com o relevo adquirindo formas diferentes.

Quando a paisagem não sofre interferência da ação humana, dizemos que ela é **natural**. Ela se modifica apenas pela ação de fenômenos da natureza.

Os agentes que modificam o relevo natural, por sua vez, podem ser internos e externos.

Agentes internos são aqueles que atuam no interior do planeta, como tectonismo (movimento provocado por terremotos) e vulcanismo (movimento provocado pela erupção de vulcões, que despejam lava, material incandescente que cobre extensas áreas e depois endurece, alterando o relevo).

Fenda em avenida causada por terremoto na Nova Zelândia, em 2010.

Ao fundo, montanha resultante da ação de antigo vulcão, nos Estados Unidos.

Agentes externos são os fenômenos que atuam na superfície do planeta, como o vento, a água e as geleiras.

Muitos seres vivos, como insetos e outros animais, contribuem para as mudanças do relevo natural porque escavam, constroem túneis, transportam terra e minerais de um local a outro etc.

No fundo dos mares e dos oceanos, o relevo se apresenta como um conjunto de formas irregulares, com montanhas, cordilheiras, depressões e abismos.

Relevo modificado

Os seres humanos, desde que surgiram no planeta Terra, interferiram nas paisagens, pois precisaram construir abrigos, vilas e cidades, além de plantar, criar estradas, pontes, túneis e barragens em rios e mares.

A interferência dos seres humanos na superfície terrestre deu origem ao que chamamos **relevo modificado**.

Interferência humana no relevo causada pela construção de barragem em São José de Piranhas (PB), 2014.

O relevo natural leva um longo tempo para se transformar, mas o relevo modificado pelos seres humanos muda com muita rapidez, por causa do emprego de tecnologias surgidas nos últimos 200 anos.

Interferência humana no relevo causada pela abertura de um canal para a obra de transposição do Rio São Francisco, em Sertânia (PE), 2010.

Altitudes e formas de relevo

As altitudes do relevo são sempre calculadas em relação ao nível do mar, que é contado como zero. A partir daí, calculam-se as altitudes. Dizer, por exemplo, que o topo de uma montanha tem 500 m de altura significa que ela está a 500 metros acima do nível do mar. As principais formas de relevo encontradas na superfície terrestre são planaltos, planícies, montanhas, serras e depressões.

ATIVIDADES

1 Observe as fotos e escreva se o relevo é natural ou modificado (pela ação humana).

Morretes (PR), 2015.

Barra dos Garças (MT), 2013.

Joanópolis (SP), 2014.

Belterra (PA), 2014.

191

2 Marque **V** se a frase for verdadeira e **F** se for falsa.

☐ Os seres humanos vivem, plantam e constroem tanto na superfície como no interior do planeta.

☐ O conjunto de formas da superfície terrestre forma o relevo.

☐ O relevo pode ser natural ou modificado pelos seres humanos.

☐ Apenas os seres humanos conseguem modificar a forma do relevo.

3 Imagine que um vulcão entrou em erupção e passou três meses despejando lava sobre determinado vale. Quando o vulcão cessou sua atividade, a lava endureceu aos poucos. O que era um vale passou a ser um morro. Marque a frase que descreve o que aconteceu.

☐ O relevo foi modificado pela ação de um agente natural e interno.

☐ O relevo foi modificado pela ação externa do vento, que endureceu a lava.

☐ O relevo não pode mais ser considerado natural, porque foi modificado pelo vulcão.

☐ O vulcão foi um agente externo que modificou um relevo natural.

4 Complete: Os agentes que modificam o relevo natural podem ser:

a) internos, quando se originam no _____, como os _____ e os _____.

b) externos, quando se originam na _____, como os _____, a _____ e as _____.

5 O relevo pode ser modificado pelos seres humanos? Dê um exemplo.
_____
_____

6 Além dos seres humanos, outros seres vivos podem modificar o relevo? De que modo?
_____
_____

7 O fundo dos mares e dos oceanos também apresenta relevo? Por quê?
_____
_____

8 A cidade de São Paulo está localizada em um planalto, a 792 metros de altitude. Marque o que essa altitude significa.

☐ Que a cidade está a 792 metros do topo do planalto.

☐ Que a cidade fica a 792 metros acima do nível do mar.

☐ Que a cidade tem uma altitude calculada em relação ao vale mais próximo.

9 Faça uma pesquisa sobre a cidade onde você mora e responda:

Qual é a sua altitude? _____.
A cidade fica em um/uma:

☐ vale.   ☐ serra.   ☐ montanha.

☐ planalto.   ☐ depressão.   ☐ planície.

Formas de representação da paisagem

As fotos revelam a paisagem em determinado momento e podem servir de base para a representação da paisagem.

Observe.

Praça de Belém e seus arredores, (PA) 2008.

Agora veja a planta elaborada a partir da foto.

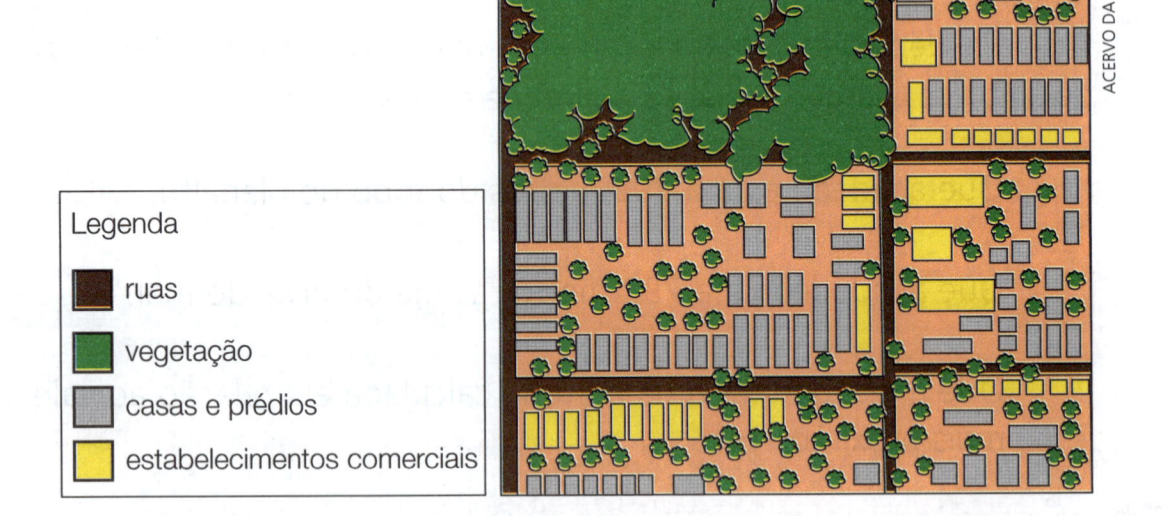

Legenda
- ruas
- vegetação
- casas e prédios
- estabelecimentos comerciais

Você percebeu que essa planta não apresenta uma escala? Você imagina por quê?

Essa planta não apresenta escala porque foi feita com base em uma foto; assim, não é possível saber as medidas daquela área. Portanto, não é possível fazer uma escala. Mas quando uma planta é feita com o objetivo de construir algum prédio ou casa, ela deve conter a escala para que as pessoas que vão trabalhar na construção saibam as medidas certas.

Quando desenhamos um mapa ou uma planta, estamos fazendo a representação de um espaço como uma casa, um bairro ou uma cidade. Para que esse desenho caiba no papel, precisamos diminuir o tamanho desse espaço, sem tirar as suas características, quer dizer, para uma medida real, criamos uma medida bem menor.

0 ⊢—⊣ 1 m

Por exemplo: no desenho 1 centímetro vai corresponder a 1 metro do objeto real. Essa forma de representar as medidas chamamos escala.

Nos mapas, os cartógrafos sempre indicam qual foi a escala que usaram.

ATIVIDADES

1. Observe novamente a planta que foi desenhada a partir da fotografia. No seu caderno descreva todos os elementos presentes na planta.

2. Faça uma planta da área da foto apresentada a seguir. Para isso, você vai precisar de uma folha de papel vegetal para copiar a fotografia.

   Para fazer a cópia, você deve prender o papel com fita adesiva sobre a fotografia. Com lápis de cor, vá desenhando os elementos principais da fotografia. Depois escreva a legenda.

Bairro residencial de Lindgren, Flórida, Estados Unidos, 2010.

Das plantas aos mapas

As fotografias são úteis para fazer plantas e também para produzir mapas de uma região. Essas fotografias, tiradas de aviões com equipamentos especiais para isso, fornecem muitos elementos da paisagem, que são representados nos mapas por meio de diversos sinais e símbolos.

De acordo com o objetivo, podem ser feitas fotografias de áreas pequenas ou grandes. Quando se trata de um espaço muito grande, geralmente se utilizam imagens tiradas por satélites artificiais.

> Você sabe o que é um satélite artificial?
> É chamado de satélite artificial um veículo colocado em órbita no espaço para diversas funções como as do sistema de posicionamento global (GPS), do monitoramento do clima e da comunicação, que permite tirar fotografias, transmitir informações para televisão entre outras coisas.

Observe a imagem feita por satélite de um trecho da cidade de Brasília e depois o mapa que pôde ser elaborado a partir dela.

- Vegetação
- Construções
- Solo desnudo
- Água

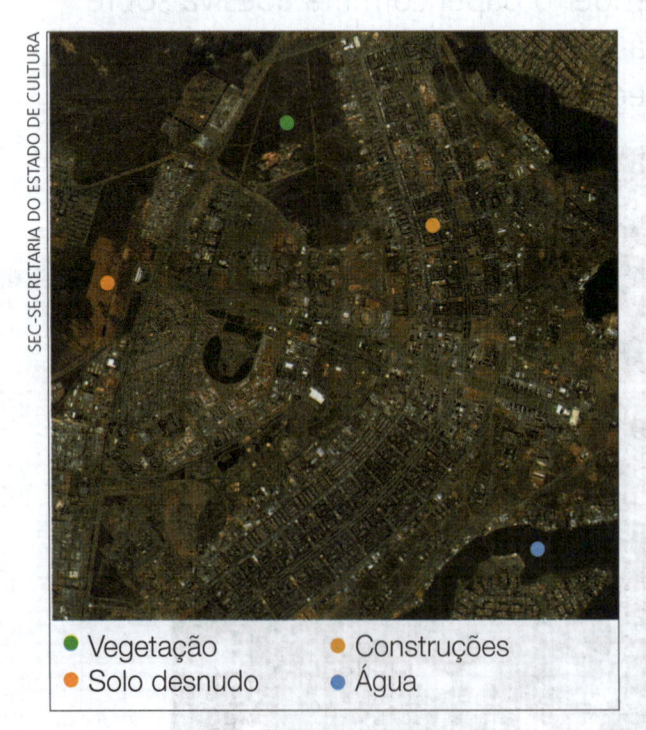

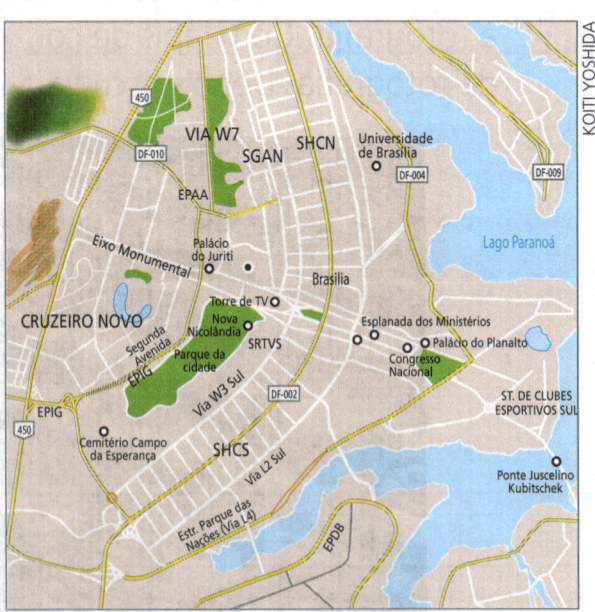

Mapa do mesmo trecho da foto de satélite de Brasília.

Fotografia de Brasília a partir de satélite, onde é possível identificar as áreas construídas, vegetação, solo desnudo e água.

A representação do planeta Terra

Antigamente, os seres humanos imaginavam que o nosso planeta era uma placa enorme, mais ou menos plana. Aos poucos essa ideia foi mudando, pois alguns estudiosos perceberam que havia fenômenos que não podiam ser explicados se a Terra fosse plana. Os navios, por exemplo, desapareciam no horizonte à medida que se afastavam do litoral. No ponto onde eles desapareciam, o mar e o céu se encontravam.

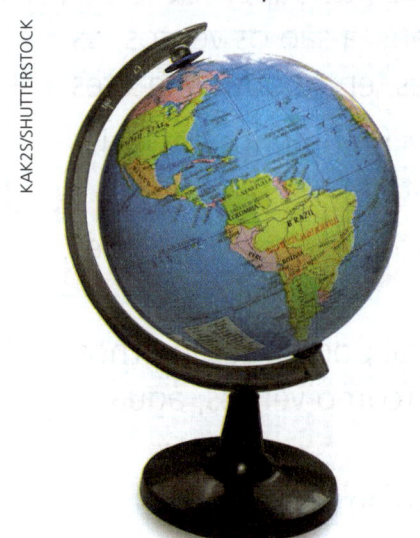

Sabendo da forma arredondada da Terra, os cartógrafos passaram a construir globos em que desenhavam o contorno dos continentes e dos mares. Surgiu, assim, a representação do nosso planeta em forma de globo, o **globo terrestre**. Essa é uma das melhores formas de representar o planeta. Ao girá-lo ou ao circular a seu redor, podemos ter uma ideia mais próxima do real da localização dos continentes, oceanos e países. Entretanto, em um globo terrestre, podemos ver apenas uma parte da superfície.

O mapa de todos os continentes e países é a forma de representação da superfície terrestre mais utilizada em atlas, livros e para uso em escolas ou para colocar em paredes. É a forma pela qual podemos ver toda a superfície ao mesmo tempo.

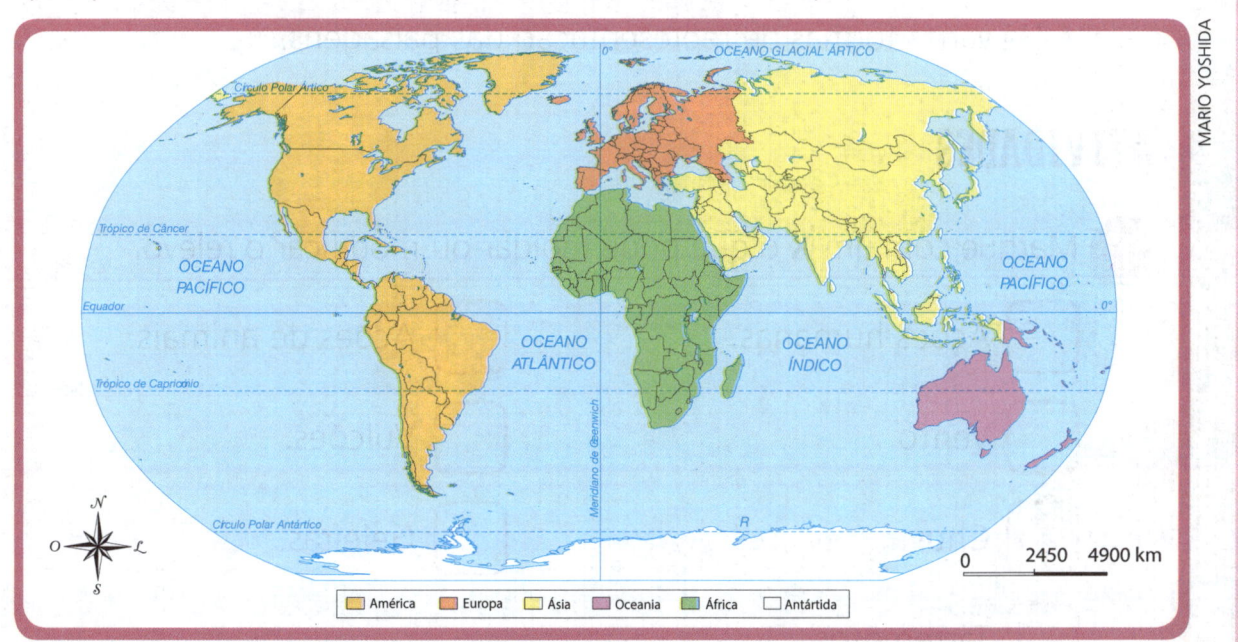

Fonte: IBGE. *Atlas geográfico escolar*. 8ª ed. Rio de Janeiro: IBGE, 2019.

EU GOSTO DE APRENDER

Nesta lição, você estudou:

- É na superfície da Terra que vivemos, plantamos e fazemos nossas construções. Essa superfície apresenta terrenos planos, altos ou ondulados, com subidas e descidas.
- Chamamos de relevo ao conjunto de formas da superfície terrestre. O que molda a superfície do planeta são os ventos, as chuvas, os terremotos e as ações humanas, entre outros fatores.
- Quando o relevo é modificado apenas por fenômenos naturais, sem intervenção humana, é um relevo natural.
- Quando o relevo é alterado pela ação humana, por construções, por exemplo, é um relevo modificado.
- Os agentes modificadores do relevo natural podem ser internos (como terremotos e vulcões) ou externos (como ventos, água e geleiras).
- A altitude de um terreno é medida sempre em relação ao mar. Uma cidade com 500 metros de altitude está, portanto, 500 metros mais alta que o mar.
- As principais formas de relevo são os planaltos, as planícies, as montanhas, as serras e as depressões.
- Há várias formas de representação das paisagens.

ATIVIDADES

1 Marque com um **X** o que pode moldar ou modificar o relevo.

- ☐ Ações humanas.
- ☐ Ações de animais.
- ☐ Vento.
- ☐ Vulcões.
- ☐ Chuva.
- ☐ Geleiras.
- ☐ Terremotos.

2 Dos agentes citados na atividade 1, quais são os internos?

_____
_____

3 Desses mesmos agentes, quais podem ser considerados naturais?

_____
_____
_____
_____

4 Por que os seres humanos modificam o relevo terrestre?

_____
_____
_____
_____

5 Qual é a diferença entre relevo natural e relevo modificado?

_____
_____
_____
_____

6 Faça em uma folha de papel avulsa desenhos ou colagem de imagens mostrando relevos naturais e modificados. Depois, exponha seu trabalho no mural da turma. Lembre-se de escrever as legendas!

EU GOSTO DE APRENDER MAIS

Os seres humanos se beneficiam com o relevo

Em lugares quentes, ir à praia é uma das principais atividades de lazer das pessoas, especialmente nos períodos de férias e em feriados prolongados.

Em lugares frios e montanhosos, as pessoas costumam realizar esportes de inverno, como esquiar na neve.

Você já imaginou se a superfície terrestre (também chamada de crosta terrestre) fosse lisa e regular, isto é, não apresentasse montanhas, vales, cordilheiras e depressões?

Como seria a vida dos seres humanos? Certamente, bem mais pobre e muito aborrecida!

É a variação do relevo que oferece aos seres humanos uma série de benefícios, a começar pelo lazer: as pessoas podem ir à praia ou escalar uma montanha, por exemplo. E pense nas atividades agrícolas! Há plantas e produtos vegetais que só podem ser cultivados em lugares altos, enquanto outros, ao contrário, só em lugares baixos. O mesmo ocorre com os minérios: uns são encontrados em montanhas, outros no fundo dos vales.

E será que os seres humanos cuidam bem do relevo dos locais onde vivem?

Nem sempre. A interferência humana na paisagem, às vezes, produz catástrofes! Quando uma empresa, por exemplo, destrói um barranco ou acaba com a vegetação de um lugar, pode estar facilitando a ação da erosão e a ocorrência de deslizamentos de terra. Se houver moradias, todas correm o risco de ser soterradas!

ATIVIDADES COMPLEMENTARES

1 O texto afirma que:

☐ o formato diversificado do relevo terrestre traz benefícios para os seres humanos.

☐ seria melhor para as pessoas se o relevo terrestre fosse liso e regular.

☐ a erosão prejudica os seres humanos apenas quando é provocada por fatores naturais.

☐ o relevo irregular do nosso planeta traz mais catástrofes do que benefícios para os seres humanos.

2 Você já teve alguma experiência de lazer na qual foi possível observar a diversidade de relevo? Qual?

_____
_____

3 De que modo as mudanças provocadas por seres humanos podem tornar o relevo perigoso?

_____
_____
_____

4 Existe alguma relação entre produção de alimentos e relevo? Qual?

_____
_____
_____

5 Complete as frases para resumir o texto que você leu.

a) As formas _____ do relevo terrestre trazem muitos _____ para os _____.

b) Por causa do relevo, os seres humanos podem variar seu _____, por exemplo, ou ter produtos _____ diversificados.

c) O relevo também favorece a existência de diferentes tipos de _____, que podem ser extraídos em lugares _____.

d) A interferência humana na paisagem, às vezes, produz _____.

e) Quando uma empresa destrói um barranco ou acaba com a vegetação de um lugar, pode estar facilitando a ação da _____ e a ocorrência de _____.

LEIA MAIS

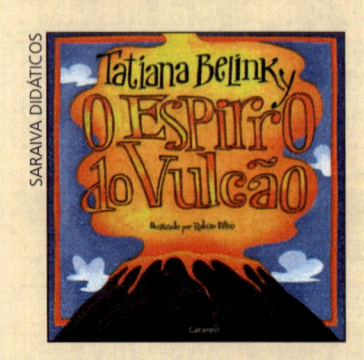

O espirro do vulcão

Tatiana Belinky. Ilustrações de Rubem Filho. São Paulo: Saraiva Didáticos, 2019.

Em versos bem divertidos, a consagrada escritora Tatiana Belinky fala de vulcões e suas incríveis características.

LIÇÃO 8
INTERFERÊNCIA HUMANA NA PAISAGEM

Tudo aquilo que nossos olhos conseguem ver em determinado momento é uma paisagem. Todos os objetos, construções, formas de relevo e seres vivos presentes no lugar formam a paisagem.

Subúrbio (2004), de Airton das Neves.

Na paisagem acima você pode identificar elementos naturais e elementos criados pelos seres humanos. Esses elementos variam muito de um lugar para outro. Por isso, as paisagens são diferentes.

A paisagem natural é constituída de relevo, vegetação, clima, rios e outros elementos do ambiente, sem nenhuma interferência do ser humano.

Quando os seres humanos passam a explorar os recursos da naturezas, eles modificam a paisagem. Esses recursos naturais podem ser renováveis ou não renováveis.

Os recursos naturais extraídos da natureza em ritmo mais lento que conseguem se recompor e se renovar para novo aproveitamento pelos seres humanos são chamados **recursos renováveis**, como a água e os frutos das árvores.

Quando os recursos demoram muito tempo para se recompor e os seres humanos não podem reutilizá-los são chamados **recursos não renováveis**, como o petróleo utilizado na produção de combustíveis para automóveis e máquinas.

Quando a paisagem natural é transformada pelos seres humanos, dizemos que ela foi modificada. Algumas modificações humanas que podemos observar nas paisagens naturais são as construções de avenidas, ruas, pontes, viadutos, casas, edifícios, túneis e barragens, entre outras.

Praia da Armação, Florianópolis (SC), 2008. Paisagem natural, ou seja, sem interferência dos seres humanos.

Unidade de extração de petróleo em Guamaré (RN), 2012.

Nesta foto da Avenida Gustavo Richard, em Florianópolis (SC), vê-se a paisagem modificada por casas, ruas e avenidas construídas pelos seres humanos.

As relações entre os seres humanos e os elementos da paisagem

Muitas vezes, os seres humanos fazem modificações que prejudicam o ambiente em que vivem: contaminam a água dos rios, matam os animais, poluem o ar, fazem queimadas e derrubam as florestas.

As consequências dessas modificações são ruins: o ar e a água poluídos causam doenças; com a derrubada de florestas, espécies de animais e vegetais desaparecem.

Tudo isso pode ser evitado com planejamento e providências, como a instalação de equipamentos antipoluição nas indústrias e nos veículos, o replantio de árvores derrubadas e o uso de técnicas adequadas para o cultivo do solo.

Área desmatada na Amazônia. Foto de 2011.

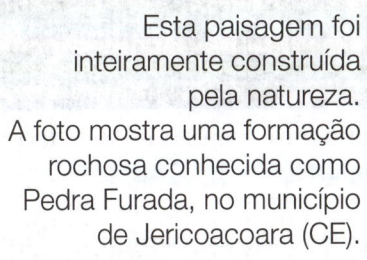

Esta paisagem foi inteiramente construída pela natureza. A foto mostra uma formação rochosa conhecida como Pedra Furada, no município de Jericoacoara (CE).

ATIVIDADES

1 Observe as paisagens e complete as frases.

a) Na paisagem da foto ao lado, é possível observar elementos naturais, como:

_____
_____
_____
_____.

Amanhecer na aldeia Yanomâni, no estado do Amazonas.

b) Na paisagem da foto ao lado, predominam elementos construídos pelo ser humano, como:

_____
_____
_____
_____.

Avenida Paulista, São Paulo (SP), 2010.

c) Na paisagem da foto ao lado, podemos ver elementos naturais, como:

_____
_____
_____
_____.

Baía de Guanabara, localizada no estado do Rio de Janeiro.

2 Imagine um ambiente que não teve nenhuma interferência do ser humano e desenhe-o no seu caderno. Escreva se é uma paisagem natural ou uma paisagem modificada.

3 Escreva três modificações que o ser humano faz na paisagem para facilitar seu transporte.

_____
_____
_____

4 Marque com um **X** somente as afirmações corretas.

☐ O Sol, a água, o ar e as plantas são elementos naturais.

☐ O ser humano nunca prejudica o meio em que vive.

☐ A derrubada de árvores deve ser uma atividade planejada para conservar a natureza.

☐ A paisagem natural não foi criada pelo ser humano.

☐ Algumas ações dos seres humanos podem contaminar os rios.

☐ Ar e água poluídos podem causar doenças.

5 As modificações feitas pelos seres humanos na paisagem sempre são positivas? Explique.

_____
_____
_____

Os tipos de extrativismo

De acordo com o recurso explorado, podemos classificar o tipo de extrativismo realizado. Veja estas imagens.

Extração mineral: retirada de areia do rio Jurucucu (BA).

Extração vegetal: retirada do látex da seringueira para fazer borracha. Itabela (BA).

Você nota alguma diferença entre elas?

As imagens indicam, respectivamente, exploração de recursos minerais e vegetais. Por isso, esses tipos de extrativismo são classificados como **extrativismo mineral** e **extrativismo vegetal**.

Fontes de energia

Muitos recursos naturais podem ser utilizados como fontes de energia.

A madeira, por exemplo, pode ser queimada para aquecer caldeiras ou fornos utilizados com diferentes finalidades, inclusive nos fornos para assar pizza.

Já o carvão é utilizado em indústrias metalúrgicas e siderúrgicas.

A lenha é um recurso natural que pode ser utilizado em indústrias para o aquecimento de fornos e também na obtenção de carvão vegetal. Fornos para produção de carvão, Minas Gerais.

ATIVIDADES

1 Observe as imagens a seguir e indique se são recursos naturais renováveis ou não renováveis.

a) _____

b) _____

c) _____

d) _____

2 Complete as frases a seguir com as palavras ou expressões indicadas entre parênteses.

a) Os recursos renováveis _____ e podem ser explorados novamente pelos seres humanos. (se recompõem/não se recompõem)

b) Os recursos não renováveis _____ e não podem ser explorados novamente pelos seres humanos. (se recompõem/não se recompõem)

c) Os recursos naturais, como a madeira e o carvão, podem ser utilizados como _____. (fontes de energia/alimentos)

209

EU GOSTO DE APRENDER

Nesta lição, você estudou:

- os seres humanos realizam modificações na paisagem ao explorar os recursos existentes na natureza;
- recursos naturais renováveis são aqueles que podem ser recompostos pela natureza, como água, sol, vegetais e animais;
- recursos naturais não renováveis são aqueles que não podem ser recompostos pela natureza, como minério e petróleo;
- extrativismo vegetal é a retirada de plantas da natureza para aproveitamento de madeira, fibras, folhas, sementes, raízes etc.;
- extrativismo mineral é a retirada de minérios do solo e do subsolo, como ferro e carvão, entre outros;
- os seres humanos também utilizam os recursos naturais para obter energia.

ATIVIDADES

1 Marque **F** para as frases falsas e **V** para as verdadeiras.

☐ Os recursos naturais podem ser usados à vontade, porque todos eles são repostos pela natureza.

☐ São exemplos de recursos naturais renováveis os vegetais, a água, o Sol etc.

☐ A água é renovável, mas precisa ser usada com consciência para não haver desperdício.

☐ Os vegetais são recursos naturais importantes porque nos servem de alimento.

☐ O petróleo é um exemplo de recurso natural renovável.

2 Associe o tipo de extrativismo com algumas de suas características.

☐ **A** Extrativismo vegetal   ☐ **B** Extrativismo mineral

☐ Retirada de babaçu, látex e castanha-de-caju.

☐ Retirada de petróleo.

☐ Retirada de gás natural.

☐ Retirada de vários tipos de cipó.

3 Pesquise e marque qual é o tipo de energia mais utilizado no Brasil e escreva de onde essa energia é retirada.

☐ Energia eólica.

☐ Energia elétrica.

☐ Energia das marés.

☐ Energia solar.

Essa energia é retirada _____

_____.

4 Qual é a fonte de energia utilizada em:

a) Indústrias? _____. É uma matéria-prima renovável ou não renovável? _____.

b) Caldeiras ou fornos? _____. É uma matéria-prima renovável ou não renovável? _____.

5 Descubra no diagrama a seguir as palavras relacionadas ao tema "petróleo".

A	T	D	E	Z	G	D	F	R	Z	E
S	M	S	M	P	C	D	Ç	I	P	N
D	E	U	O	I	T	O	H	N	L	E
V	U	B	B	E	S	G	R	T	X	R
H	J	S	A	G	D	E	Z	P	M	G
T	C	O	D	E	V	O	L	O	M	I
O	A	L	D	V	Y	L	N	Z	T	A
P	W	O	S	N	P	O	Ç	O	E	V
B	R	C	Ç	L	G	G	M	O	Z	R
Ç	I	K	D	W	B	I	I	W	A	J
Z	E	Y	Z	X	A	A	A	A	Q	U

212

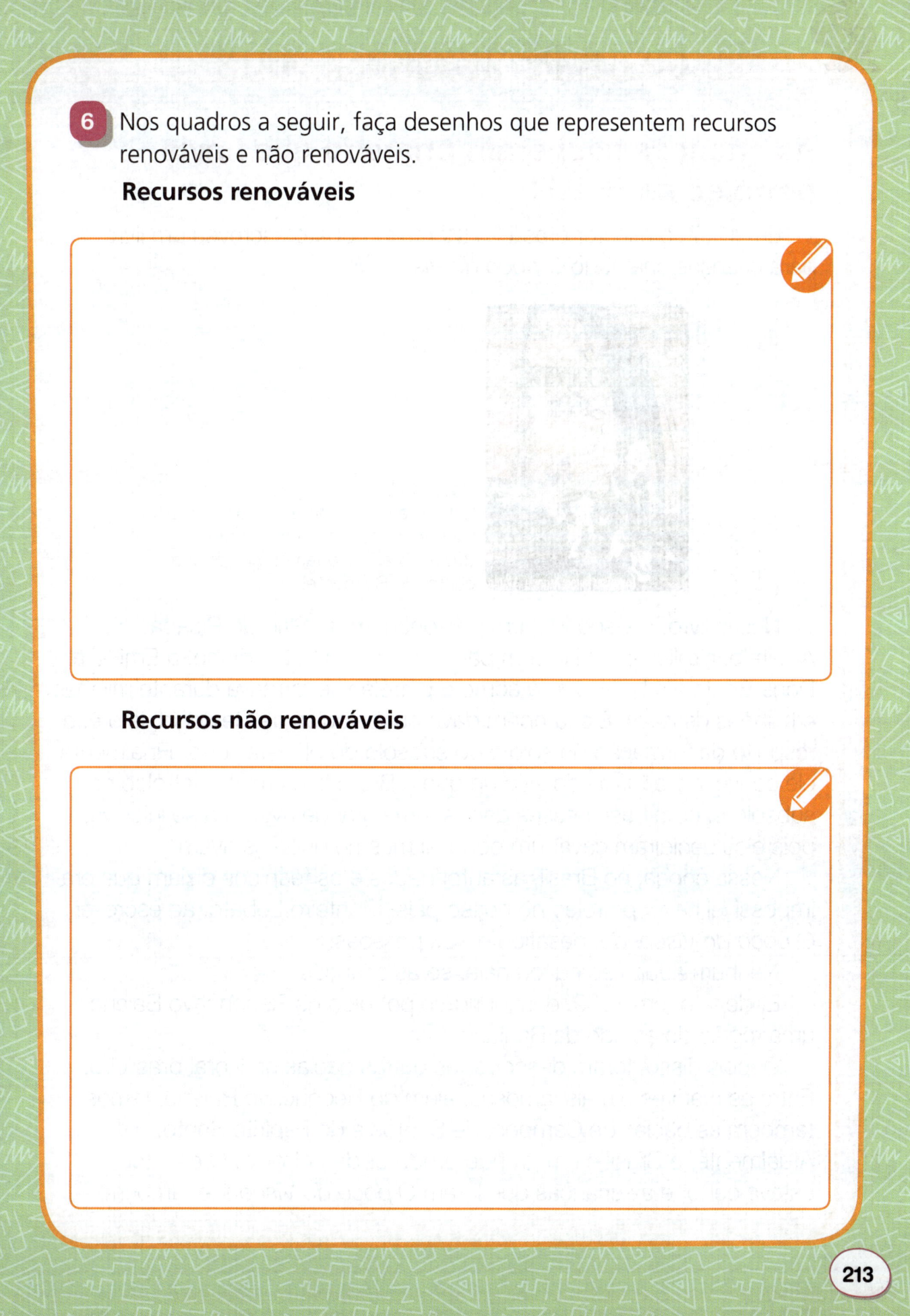

6 Nos quadros a seguir, faça desenhos que representem recursos renováveis e não renováveis.

Recursos renováveis

Recursos não renováveis

EU GOSTO DE APRENDER MAIS

As crianças souberam primeiro que havia petróleo no Brasil!

Em 1937, o escritor brasileiro Monteiro Lobato escreveu um livro para crianças chamado *O poço do Visconde*.

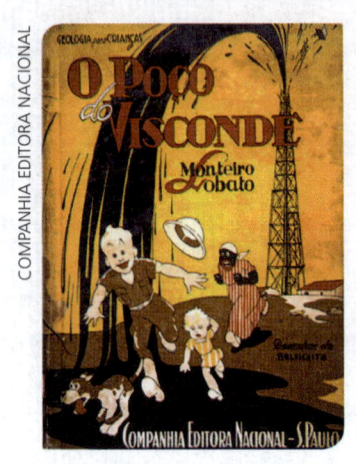

Capa do livro escrito por Monteiro Lobato e publicado em 1937. As ilustrações foram feitas por um desenhista muito famoso na época, chamado Belmonte.

Nesse livro, o Visconde, um personagem do Sítio do Picapau Amarelo, explicava muito bem para o Pedrinho, a Narizinho, a Emília, a Dona Benta e a tia Nastácia como o petróleo se formava durante milhões e milhões de anos. Ele também dava outras aulas de Geologia, isto é, a respeito da formação do solo e do subsolo do planeta Terra. Finalmente, ele convencia a turma do sítio de que o Brasil tinha muito petróleo no subsolo e, com base nesses dados, uma grande aventura se iniciava, pois eles decidiram cavar um poço ali mesmo onde estavam.

Nessa época, no Brasil, as autoridades e os técnicos diziam que era impossível haver petróleo no nosso país. Monteiro Lobato, ao escrever *O poço do Visconde*, desafiou essas pessoas.

Nenhum adulto acreditou nele, só as crianças!

E, de fato, em 1939, descobriu-se petróleo no Recôncavo Baiano, uma região do estado da Bahia.

Depois disso, foram descobertas outras bacias no litoral brasileiro. Entre as maiores e mais famosas, além do Recôncavo Baiano, temos também as bacias de Campos, de Santos e do Espírito Santo. Atualmente, o Brasil é um grande produtor de petróleo. O escritor estava certo, e as crianças que leram *O poço do Visconde* também!

ATIVIDADES COMPLEMENTARES

1 O assunto do texto é:

☐ uma explicação sobre como o petróleo se forma.

☐ uma entrevista dada por Monteiro Lobato em 1939.

☐ um livro infantil escrito por Monteiro Lobato, prevendo a existência de petróleo no Brasil.

☐ a história completa de como se descobriu petróleo no estado da Bahia.

2 O livro escrito por Monteiro Lobato tinha no título o nome de um personagem bem conhecido das crianças. Quem era esse personagem?

_____

3 Por que o título desse texto diz que "as crianças souberam primeiro que havia petróleo no Brasil"?

_____
_____

4 Você conhece esse escritor? Já leu alguma de suas obras? Quais?

_____
_____
_____

5 Você conhece algum outro livro que trate do petróleo ou de outros tipos de recursos naturais? Qual? Escreva no caderno o nome desse livro e do autor.

6 Em sala de aula, converse com os colegas e verifique se o livro indicado por eles é igual ao seu. Caso não seja, contem as histórias um para o outro!

7 O petróleo é uma fonte de energia não renovável, por isso é muito procurado. Também é um bem muito valorizado, porque é matéria-prima para a fabricação de vários produtos, sendo os combustíveis os mais importantes. Mas como os seres humanos farão quando as reservas acabarem? Converse com os colegas e com o professor a esse respeito e dê sua opinião. Depois, registrem suas conclusões abaixo.

_____
_____
_____
_____
_____

LEIA MAIS

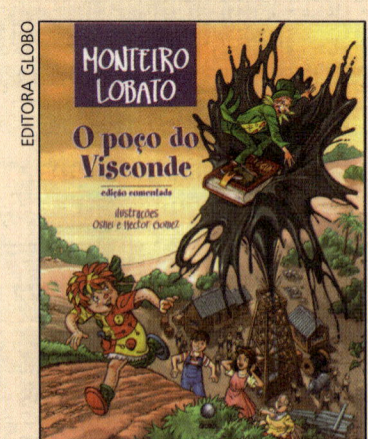

O poço do Visconde

Monteiro Lobato. Ilustrações de Hector Gomez. São Paulo: Globo, 2010.

O Visconde de Sabugosa estuda um livro de Geologia de Dona Benta e conclui que há petróleo no Sítio do Picapau Amarelo. A turma resolve, então, cavar um poço.

Adesivos para colar na página 84.

ADESIVO

Adesivos para colar na página 106.

Adesivos para colar na página 108.

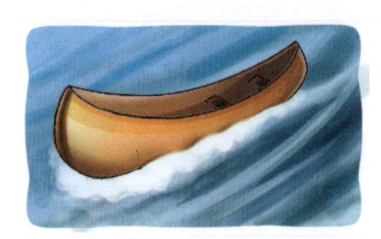